Gestión de Proyectos de Analítica

Dr. Macedonio Alanís

Tecnológico de Monterrey

Imprint

Any Brand names and product names mentioned in this book are subject to trademark, Brand or patent protection and are trademarks or registered trademarks of their respective holders. The use of brand names, product names, common names, trade names, product descriptions, etc. even without a particular marking in this work is in no way to be construed to mean that such names may be regarded as unrestricted in respect of trademark and brand protection legislation and could thus be used by anyone.

ISBN-13: 979-8314659649

ASIN: B0F5854C6Z

ASIN e-book: B0F53F1WWR

https://www.amazon.com/-/e/B08529L1PZ

https://www.amazon.com/author/alanis

alanis@tec.mx   maalanis@hotmail.com

Dedicatoria

Para Izela, por nuestros próximos proyectos

Agradecimientos

Este libro es el producto de múltiples reuniones de trabajo para definir los temas de las materias a impartir a estudiantes de carreras profesionales que se planean especializar en áreas de tecnologías de información, ciencias computacionales, transformación digital e inteligencia de negocios en el Tecnológico de Monterrey. Muchos profesores y especialistas de diferentes campus del Tecnológico de Monterrey colaboraron con ideas y contenidos que han hecho posible esta obra. A todos ellos, mi infinito agradecimiento y aprecio.

.

Índice

Índice Extendido

Módulo I

Introducción a la Administración de Proyectos de Analítica

Capítulo 1

Un Marco de Referencia para los Sistemas de Analítica de Negocios

"Esto es solo un anticipo de lo que está por venir, y solo la sombra de lo que será. Hace falta tener algo de experiencia con la máquina antes de conocer realmente sus capacidades. Pueden pasar años antes de dominar las nuevas posibilidades, pero no veo por qué no haya de entrar en alguno de los campos que normalmente cubre el intelecto humano y, finalmente, competir en igualdad de condiciones."

Alan Turing, "The Mechanical Brain. Answer Found to 300-Year-Old Problem" The Times,1949.

1.1.- Objetivos de aprendizaje

- Valorar la importancia de la información en la toma de decisiones.
- Entender la diferencia entre decisiones determinísticas y decisiones probabilísticas.
- Diferenciar entre decisiones estructuradas y no estructuradas.
- Definir qué es un sistema de analítica.
- Conocer las partes de un sistema de analítica.
- Entender la relación entre un sistema de analítica y un sistema de información.
- Identificar los diferentes tipos de sistemas de información.

1.2.- La importancia de la información en la toma de decisiones

En un día normal, incluso antes de iniciar las labores del día, una persona tiene que tomar innumerables decisiones. A qué hora levantarse, qué desayunar, o cuál es la mejor ruta para ir al trabajo. Algunas decisiones son intuitivas, o las podemos tomar con la información que ya tenemos. Otras, requieren recolectar y analizar cierta información.

Por ejemplo, si al despertar aún es de noche, es probable que sea muy temprano para iniciar el día. Por otra parte, si lo que se ve en la mañana es el sol brillar por lo alto de la ventana, probablemente ya sea tarde para ir al trabajo y debamos activar el modo de pánico para salir corriendo y tratar de llegar a tiempo.

Algunas decisiones tienen efectos de corto plazo. Elegir tomar una ruta en lugar de otra, podría implicar una diferencia de un par de minutos en la hora de llegada a un destino. Otras decisiones tienen efectos más relevantes. Elegir en qué ciudad vivir, o qué profesión seguir, tienen efectos de largo plazo que pueden cambiar la dirección de toda una vida. Tomar ese tipo de decisiones con responsabilidad requiere estar lo mejor informado antes de elegir un camino.

Otra característica de las decisiones es que mientras que algunas son determinísticas, es decir que sus resultados son total mente predecibles, otras son probabilísticas, donde los resultados dependen en parte de la decisión tomada, pero no en su totalidad. Otros factores (algunos impredecibles) también pueden influir en el resultado.

Un ejemplo de una decisión determinística sería el definir la velocidad a la que debe viajar un auto para recorrer cincuenta kilómetros en media hora. Hay una fórmula que indica que la distancia recorrida depende de la velocidad a la que se viaje y el tiempo que dure el recorrido. Un auto viajando a 50 kilómetros por hora durante una hora, viajará 50 kilómetros. Si queremos viajar la misma distancia en la mitad del tiempo tenemos que duplicar la velocidad, por lo que si elegimos viajar a una velocidad de 100 kilómetros por hora recorreríamos 50 kilómetros en media hora.

Una decisión probabilística depende de tantos factores que es imposible definir con certeza el resultado de la decisión. Se puede elegir invertir en una empresa en la bolsa de valores, pero no hay ninguna garantía de que esta empresa vaya a subir de valor. Los indicadores financieros pueden apuntar a mejores decisiones, por ejemplo, una empresa financieramente sana tiene más probabilidades de generar resultados positivos que una empresa en problemas. Sin embargo, incluso las empresas con los mejores indicadores pueden dejar pérdidas en un cierto período de tiempo por razones totalmente fuera de su control.

En cualquiera que sea la decisión, entre mejor información se tenga, o mejor se entienda la información con la que se cuente, mejores probabilidades habrá de tomar una decisión que lleve a resultados positivos. En el caso de una empresa, el resultado esperado de la mayoría de las decisiones es que estas ayuden a la organización a cumplir su misión: lograr más ventas, reducir sus costos de operación, o mejorar su posicionamiento en el mercado.

1.3.- La contribución de la tecnología en la toma de decisiones

La tecnología puede apoyar el proceso de toma de decisiones proporcionando información más completa y oportuna, o permitiendo realizar análisis más complejos con los datos disponibles. Sin embargo, una computadora por sí sola no sirve para mucho. La computadora necesita de programas o software, necesita de datos y requiere ser usada correctamente para tener un impacto en la empresa.

Entender el potencial de la tecnología requiere visualizar la tecnología no solo como un equipo de cómputo, sino como una solución integral, como un sistema de información donde todas sus partes contribuyen a alcanzar los objetivos de la empresa. Una empresa que aprovecha la tecnología para mejorar sus procesos y tomar mejores decisiones necesita entender cómo seleccionar los problemas a atacar, cómo construir o adquirir los equipos y programas necesarios, cómo obtener la información requerida, y cómo operar estas soluciones.

1.4.- ¿Qué es un sistema de analítica de datos?

La analítica de datos consiste en el análisis cuantitativo y sistemático de los datos para obtener información significativa para la toma de decisiones [Singh, 2016], un sistema de analítica debe incluir todos los componentes necesarios para encontrar la información, procesarla y utilizarla en decisiones de negocio.

La definición más amplia de un sistema de analítica de datos (que también se puede llamar un sistema de inteligencia de negocios) es: Un término general que combina las arquitecturas, herramientas, bases de datos, herramientas analíticas, aplicaciones y metodologías para apoyar el proceso de toma de decisiones. [Sharda, Delen & Turban, 2015]

El objetivo final de las herramientas de inteligencia de negocios y de analítica es apoyar el proceso de toma de decisiones. Es en ese punto donde se encuentra el componente más importante de la definición, el usuario (que es quien toma la decisión).

Esta definición es consistente con la definición más general de un sistema de información:

> Un sistema integrado usuario-máquina para proveer información que apoya las operaciones, la administración, y las funciones de toma de decisiones en una organización. El sistema utiliza equipo de cómputo y software; procedimientos manuales; modelos para el análisis, la planeación, el control y la toma de decisiones; y una base de datos. [Davis & Olson, 1985]

Combinando ambas definiciones encontramos que:

Un sistema de analítica es:

- Un sistema integrado usuario-máquina
- Para proveer información
- Que apoya el proceso de toma de decisiones
- En una organización

El sistema utiliza:

- Arquitecturas y equipos de cómputo
- Herramientas de análisis y aplicaciones
- Procedimientos manuales
- Metodologías para apoyar el proceso de toma de decisiones
- Y bases de datos

1.5.- Componentes de un sistema de analítica

La primera parte de la definición anterior indica que el objetivo de un sistema de analítica es apoyar las decisiones de la organización. La mayoría de las empresas no tienen por objetivo el tener este tipo de sistemas, los utilizan porque les ayuda a cumplir mejor sus metas.

La segunda parte de la definición habla de la plataforma sobre la que operan las soluciones de analítica. Una computadora (hardware) sola no sirve para nada. Necesita programas (software) para operar. Pero el sistema no es solamente el equipo y programas de cómputo. Requiere también procedimientos manuales que ocurren antes, durante y después del procesamiento. Y datos sobre los que se realizaran los análisis. La figura 1.1 ilustra los componentes de una plataforma de analítica.

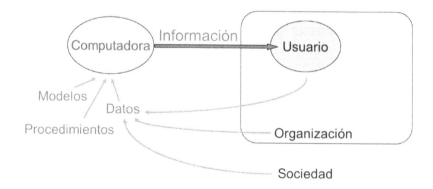

Figura 1.1.– Componentes de una plataforma de analítica

En un sistema básico se pueden ver cuatro componentes esenciales: La entrada, que alimenta datos al sistema; el proceso, que convierte los datos recibidos en información útil en diferentes etapas; y la salida, que entrega la información procesada al usuario. Existe un cuarto proceso, la retroalimentación, que usa una salida del sistema como entrada para ajustes y procesamientos futuros.

Minicaso: Manejo de información en una empresa de paquetería

En el sistema de rastreo de una empresa de paquetería, el proceso no es enteramente computarizado. Todo inicia cuando un cliente lleva el paquete a la oficina receptora, ahí un empleado le asigna una etiqueta con un número de rastreo e ingresa los datos al sistema. Durante el transporte, diferentes mecanismos y personas van registrando el paso del paquete por diferentes estaciones, usando la información disponible para tomar decisiones como ¿cuál es la mejor ruta para enviar el paquete? o ¿si el paquete puede seguir por su ruta de entrega normal o debe acceder a servicios de entrega inmediata? Al llegar a su destino, el chofer del camión: entrega el paquete al destinatario, registra la hora de entrega y recaba la firma de quien recibe. Con esto se cierra el proceso.

En el caso de una empresa de paquetería (como la que se muestra en el minicaso del recuadro de este capítulo), la entrada es la captura del número de guía del paquete que hace el empleado en la recepción. El sistema luego genera salidas indicando la ruta que debe seguir el paquete o el camión donde se debe cargar. Esas salidas se convierten en entradas de nuevo pues indican la posición del paquete en un momento dado y se utilizan para calcular la siguiente etapa de la ruta. Finalmente, cuando el paquete es entregado, la firma de recepción se captura en el sistema y se guarda en una base de datos que almacena la información. El sistema luego puede emitir un reporte a quien envió el paquete avisándole que este ha sido entregado. La figura 1.2 muestra este modelo simple de un sistema de información.

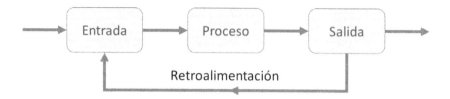

Figura 1.2.- Modelo simple de un sistema de información

En esta definición se aprecia que para la analítica de datos en una empresa no es suficiente con utilizar un solo componente. Desde el punto de vista funcional, se aprecian tres subsistemas básicos: el subsistema de datos, el subsistema de análisis, y el usuario. El primer elemento reúne y prepara datos de diferentes fuentes. El segundo procesa los datos convirtiéndolos en información útil que es recibida por el tercer componente, el usuario, que es quien aprovecha los resultados para que generen valor para la organización.

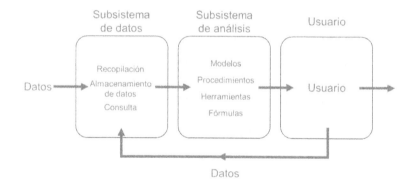

Figura 1.3.– Componentes funcionales de un sistema de analítica

1.6.- Niveles en una organización

Un elemento importante de la definición de sistemas de analítica es que estos se utilizan en organizaciones. Sin embargo, hay diferentes tipos de trabajo en una empresa y por consiguiente existen diferentes necesidades de información dependiendo de la labor y tipo de decisiones de cada nivel.

Típicamente, cuando se dibuja una empresa, se usa un triángulo. Este se conoce como el triángulo de Anthony, por el Profesor Robert Anthony que fue quien ideo el modelo. En su libro "Sistemas de Planeación y Control: Un Marco de Referencia para el Análisis" [Anthony, 1965] explica que hay tres niveles organizacionales, como lo ilustra la figura 1.4.

El nivel operacional es donde se fabrican los productos, se atiende al cliente, se empacan y entregan las cajas. El foco ahí es en "asegurar que actividades específicas se lleven a cabo de forma efectiva y eficiente" El nivel táctico, que Anthony llama nivel administrativo, se enfoca en "asegurar que los recursos sean obtenidos y utilizados de manera efectiva y eficiente para alcanzar los objetivos de la organización".

Figura 1.4.– Niveles en una organización

El nivel estratégico es donde "se deciden los objetivos de la organización, los cambios a esos objetivos, los recursos a utilizar para alcanzar los objetivos, y las políticas que rigen la adquisición, uso y disposición de esos recursos".

En el nivel estratégico se planea el futuro de la organización, a nivel táctico se aterrizan los planes estratégicos y se resuelven los problemas de operación. A nivel operativo se trabaja en resolver los problemas del presente. Si un operador está resolviendo los problemas del presente, no tiene tiempo de pensar en el mañana, ese es el trabajo del líder, enfocarse en el futuro.

1.7.- Tipos de decisiones

El papel de los sistemas de analítica también es diferente en los distintos niveles organizacionales. Hace más de sesenta años Anthony decía: "En el nivel de control administrativo domina el juicio y sentimientos de los seres humanos; en las computadoras eso está necesariamente ausente. En la planeación estratégica, un modelo que abarque toda la empresa puede resultar una herramienta valiosa para examinar las repercusiones en la organización de una estrategia propuesta...En el nivel de control operacional, los modelos para control de áreas específicas son esenciales, y el uso de la computadora es común." [Anthony, 1965]

Hoy sabemos que la tecnología se debe usar en forma diferente en los diferentes niveles organizacionales. Hay diferentes tipos de trabajo y diferentes tipos de decisiones en cada nivel.

Además de clasificar las decisiones por el grado de certeza que brindan sus resultados (determinísticas y probabilísticas), también se pueden clasificar por la metodología usada en el proceso de decisión. Usando este criterio, se identifican dos tipos principales de decisiones: decisiones estructuradas y decisiones no estructuradas [Gorry & Scott-Morton, 1971].

Las **decisiones estructuradas** son aquellas que tienen un procedimiento definido, puede no ser sencillo, pero existe una serie de pasos a seguir para tomar la decisión. Por ejemplo, la decisión de un cajero de pagar, o no, un cheque en una ventanilla del banco puede no ser simple, pero tiene reglas muy específicas. Las reglas son claras: la cuenta debe existir, las firmas del cheque y la cuenta deben cuadrar, y el saldo disponible en la cuenta debe ser mayor que el monto del cheque (entre otras cosas). Otra decisión estructurada sería por ejemplo el punto de reorden en una tienda al menudeo. Si sabemos que el proveedor tarda 2 días en surtir un artículo y sabemos que ese artículo vende 2 unidades al día, habría que pedir un nuevo embarque al menos cuando quedaran cuatro unidades en existencia, así se evitaría dejar a la tienda sin inventario. Esa decisión tiene reglas: si llego a cuatro unidades, entonces pongo la orden de resurtido.

Las **decisiones no estructuradas** son aquellas donde el encargado de tomarlas debe aportar criterio, evaluación y entendimiento a la definición del problema. Por ejemplo, el decidir en qué esquina colocar un supermercado requiere información del tráfico esperado y las condiciones del terreno, pero también requiere experiencia conociendo al cliente típico de esa zona y una idea de qué se esperaría en el futuro para esa parte de la ciudad. Otras decisiones no estructuradas estarían en el área de recursos humanos. Cuando se decide contratar a alguien, no es solamente por sus credenciales, un experto en selección de personal entrevista al candidato, y en base a lo que pase en la entrevista, un especialista con experiencia puede saber si el candidato es, o no, apto para el puesto. La respuesta a una decisión no estructurada "se siente", aunque no podemos decir exactamente qué es lo que se debe sentir.

Es posible identificar decisiones de todos tipos en todos los niveles. Sin embargo, a nivel operacional la mayoría de las decisiones tienden a ser estructuradas, mientras que a nivel estratégico las decisiones tienden a ser no-estructuradas, como lo muestra la figura 1.5.

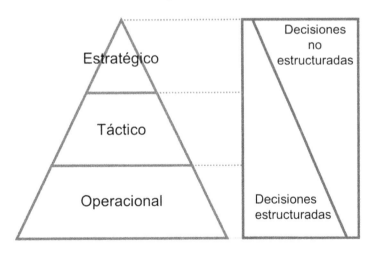

Figura 1.5.– Tipos de decisiones prevalentes de acuerdo al nivel organizacional donde se presentan

11

1.8.- Tipos de sistemas de información

Sistemas de procesamiento de transacciones

Si en una organización hay decisiones estructuradas bien entendidas, estas se pueden programar en un sistema de cómputo. Estos sistemas se conocen como sistemas de procesamiento de transacciones (TPS por sus siglas en inglés). Este tipo de sistemas registra y procesa las transacciones diarias necesarias para operar una empresa. Se encuentran en el nivel operacional.

Algunos ejemplos de sistemas de procesamiento de transacciones serían los sistemas para procesar la nómina, cuentas por cobrar, cuentas por pagar, inventarios, etc.

En un supermercado, los sistemas de cobro a clientes, manejo de inventarios y administración de personal serían ejemplos de sistemas de procesamiento de transacciones. Sus reportes servirían para responder preguntas operativas que ocurren día a día en el negocio.

Sistemas de información gerencial

Los sistemas de información gerencial, o sistemas de reporte de información (MIS o IRS por sus siglas en inglés), apoyan al nivel táctico de la organización. En general utilizan datos de las transacciones internas de la empresa y las presentan en forma condensada o identificando puntos fuera de rango para facilitar las decisiones gerenciales. Casi siempre, para sus datos, usan las salidas de los sistemas de procesamiento de transacciones.

En el caso del supermercado, el gerente de la tienda no necesita saber exactamente cuántas latas de atún, o cuántas barras de jabón hay en la tienda. Lo que le interesa saber es si el nivel de inventario de alguno de los productos importantes está peligrosamente bajo, o si tienen demasiadas unidades de algún producto perecedero, porque eso le ayudaría a orientar sus campañas publicitarias o la distribución de sus productos en el piso de ventas. Sistemas para análisis de ventas, orientación de campañas de mercadotecnia, o planeación de la producción, serían representativas de este tipo de sistema.

Sistemas de soporte a las decisiones

Si el trabajo de un sistema de información es apoyar las decisiones, pero no podemos definir cómo se toma esa decisión, ¿cómo se puede programar una computadora para proporcionar el apoyo necesario?

La respuesta es que, aunque no sepamos cómo se toma una decisión, sabemos que esta decisión la toma un ser humano y que necesita ver la información disponible para poderla analizar y obtener un sentido de la situación presente. En base a la información disponible, el usuario toma la mejor decisión posible según su criterio. Estos sistemas usan tanto información interna de la empresa, como externa, y requieren de herramientas para visualizar y manipular los datos. Un usuario "juega" con los datos hasta que estos le "dicen" algo, y entonces toma la decisión.

Entonces, un sistema de soporte de decisiones (DSS por sus siglas en inglés) ayuda a los gerentes a tomar decisiones que son únicas, cambian constantemente y no se pueden especificar con anticipación.

En el caso del supermercado, decisiones como la ubicación de una nueva tienda, la planeación de las inversiones, o el lanzamiento de campañas de mercadotecnia global podrían ser apoyadas con sistemas de soporte de decisiones.

La figura 1.6 ilustra la relación entre los niveles organizacionales y los tipos de sistemas de información.

Figura 1.6.– Relación entre los niveles organizacionales y los tipos de sistemas de información

1.9.- Los sistemas para conectar la información de la empresa

Imagínese si un administrador, para tomar una decisión, tuviera que consultar varios, quizá cientos de sistemas de información instalados en diferentes áreas de la empresa. Ninguno de esos sistemas se puede comunicar con otros y cada uno arroja formatos y reportes diferentes. Probablemente el tiempo que requeriría tomar la decisión sería mayor que el tiempo disponible y seguramente la cantidad de información rebasaría la habilidad de la persona de visualizar y entender la información recibida.

Cuando las computadoras recién llegaron a las empresas, se desarrollaron sistemas independientes, cada uno construido por un grupo diferente y con sus propios datos. El problema fue que al tratar de que se comunicaran los sistemas y pasaran información entre ellos, se hizo evidente que cada sistema tenía una visión diferente de la empresa. Mientras que los sistemas de ventas veían clientes, los de ingeniería veían números de parte o producto, los de caja veían flujo de efectivo. Al tratar de integrarlos, las empresas se dieron cuenta que eso sería un trabajo casi imposible, pues para cuando un sistema se podía conectar con su vecino, el segundo ya había cambiado y requería otro tipo de conexión.

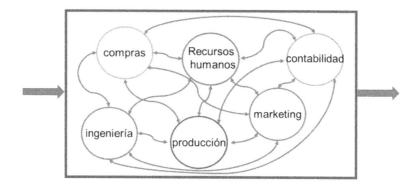

Figura 1.7.– Visión de sistemas independientes interconectados

Una solución es la implementación de **aplicaciones empresariales**, que son sistemas que abarcan varias áreas funcionales, se enfocan en ejecutar procesos de negocio a través de la empresa e incluyen todos los niveles de la administración [Laudon & Laudon, 2019].

Hay cuatro tipos principales de aplicaciones empresariales:

- Sistemas de planeación de recursos empresariales (enterprise resource planning systems, o ERP por sus siglas en inglés),
- Sistemas de administración de la cadena de suministros (supply chain management systems, o SCM por sus siglas en inglés),
- Sistemas de administración de la relación con clientes (customer relationship management systems, o CRM por sus siglas en inglés)
- Sistemas de administración del conocimiento (knowledge management systems, o KMS por sus siglas en inglés)

14

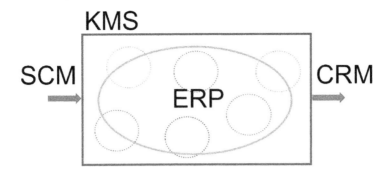

Figura 1.8.– Visión de aplicaciones empresariales integradas

Sistemas de planeación de recursos empresariales (ERP)

Los sistemas de planeación de recursos empresariales sirven para integrar los sistemas de manufactura y producción; ventas y mercadotecnia; contabilidad y finanzas; y recursos humanos en un solo sistema coordinado. Un ERP proporciona un solo sistema para todos los procesos internos clave de la empresa. De esta forma, cuando producción necesita que un empleado haga horas extras, automáticamente se actualiza su pago y la contabilidad. Cuando se completa una venta, automáticamente se informa a producción y a compras.

Un ERP automatiza muchos de los procesos de negocios asociados con los aspectos operativos o de producción. El sistema reúne los datos de todos los procesos y los almacena en una base de datos central que se comparte por todos los componentes.

Los sistemas ERP son modulares, es decir, una empresa puede adquirir uno o más módulos e ir integrando diferente funcionalidad a su sistema.

Son configurables, lo que significa que se pueden ajustar para satisfacer las necesidades de una empresa. Por ejemplo, una empresa puede permitir que un comprador autorice transacciones de hasta $10,000 y requerir la firma del director del departamento para compras que excedan esa suma, mientras que, para otra, el límite podría ser $150,000, o requerir dos firmas. Normalmente la configuración la hace una empresa consultora externa, que analiza los procesos e introduce las reglas del negocio en el sistema.

Entre las ventajas que ofrecen este tipo de sistemas, está el tener una visión completa de la empresa, el coordinar diferentes funciones y el que el software se pueda implementar de forma relativamente rápida, comparado con el tiempo que tomaría diseñar todas las soluciones e interconectarlas. Una solución de ERP puede costar desde dos mil, hasta más de diez millones de dólares, dependiendo del tamaño de la empresa y la dificultad en la operación; y puede tardar desde un par de meses hasta dos años en completarse. Sin embargo, los ahorros en costo y eficiencias que conlleva un ERP más que justifican la inversión.

Una desventaja de los ERP es que, si la empresa no tiene procesos definidos, sería muy complicado implementar un sistema que automatice procesos que no existen. Adicionalmente, se requiere de capacitación compleja para los usuarios y para el personal que mantiene y desarrolla extensiones del ERP de la empresa.

Algunos ejemplos de proveedores de sistemas ERP disponibles en el mercado serían: SAP, Oracle, y Microsoft. Algunas empresas que proveen servicios de consultoría para la implementación de soluciones ERP serian: Accenture, Deloite, IBM, Capgemini, EY, y PwC. [Faith, et al., 2020; DiCapua et al., 2020]

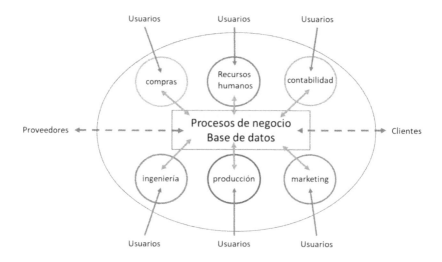

Figura 1.9.– Modelo de un ERP

Sistemas de administración de la cadena de suministros (SCM)
De nada sirve que el departamento de ventas firme un contrato con un cliente y que se optimice la producción si la empresa no tiene y no puede conseguir la materia prima. No importa qué tan eficiente sea mi producción de bicicletas, si no tengo llantas no podré construir ninguna.

Los sistemas de administración de la cadena de suministros (supply chain management, o SCM por sus siglas en inglés) se enfocan en coordinar actividades de compra y transporte de materias primas y productos, buscando garantizar el abastecimiento al menor costo posible y reduciendo los inventarios al mínimo sin afectar la producción. Normalmente una empresa tiene inventario

16

de materia prima para responder a demandas de producción, sin embargo, el dinero invertido en el inventario no se recupera sino hasta que se fabrica y vende el producto que lo utiliza, por lo que tener un alto nivel de inventario conlleva a tener un alto costo financiero.

En teoría, el nivel ideal de inventario es cero, a esta práctica se le conoce como Just In Time y requiere tal nivel de coordinación que cuando producción requiere una pieza para poner en el producto, en ese momento está llegando la pieza directo del fabricante, es como si al bajar las piezas del camión de mi proveedor estas se instalaran directamente en mis productos. Hacer esto requiere gran coordinación entre los participantes de la cadena de producción y es muy complejo pues un error de cualquiera de los participantes pondría en peligro la estabilidad de toda la cadena. En la práctica, siempre se necesita un cierto nivel de inventario, aunque se busca que sea lo más bajo posible, sin que ponga en peligro a la producción.

Algunas empresas líderes en soluciones de administración de cadena de suministros son: Oracle, SAP, Blue Yonder, Kinaxis, OMP, y Logility. [Lund, et al., 2025; Salley,et al., 2021]

Sistemas de administración de la relación con clientes (CRM)

Los sistemas de administración de la relación con clientes (customer relationship management, o CRM por sus siglas en inglés) se enfocan en administrar las interacciones con los clientes. Usan información de la interacción que ha tenido un cliente con la empresa para identificar su potencial, retener al cliente y aumentar ventas. Un CRM responde a preguntas como ¿quiénes son nuestros mejores clientes? ¿Qué se está vendiendo? ¿dónde? Los CRM apoyan las ventas en tres etapas: pre-venta, venta y post-venta.

Los sistemas de pre-venta coordinan los esfuerzos de mercadotecnia de la empresa, ayudan a identificar clientes potenciales, administran el pipeline de ventas, administran y mide la eficacia de las campañas publicitarias.

Los sistemas de apoyo al proceso de ventas simplifican el trabajo del vendedor al estar frente a un cliente, ofrecen sistemas para presentar cotizaciones, configuradores de paquetes, información de contactos, hasta herramientas para calcular las comisiones del personal de ventas (para que dediquen su tiempo a vender en lugar de estar llenando formatos internos para cobrar su comisión).

Los sistemas de post-venta consisten en el manejo de garantías y servicio al cliente. El manejo del centro de servicio y atención a clientes (o call center) para atender preguntas o reclamos del cliente y la atención de llamadas de servicio en caso de que se tenga que reparar un producto, son ejemplos de aplicaciones de este tipo.

Quizá el líder en soluciones CRM es Salesforce, una empresa que trabaja en la nube y brinda sus servicios por Internet a sus clientes en un modelo de suscripción. Otros proveedores de sistemas ERP son: Adobe, Oracle, Microsoft, Creatio, Pegasystems y Servicenow. Entre las empresas consultoras que pueden apoyar en la implementación de soluciones de CRM están: Deloitte, Accenture, IBM, Capgemini y PwC. [Manusama & LeBlanc, 2020; Sparks, et al., 2020]

Mincaso – Los sistemas de apoyo a ventas cambiaron la forma de comprar un coche

Hace algunos años, en las agencias automotrices, si un cliente llegaba a preguntar por un coche y pedía precio de ciertas opciones como ciertas llantas, equipo de sonido, etc. El vendedor tomaba nota de la solicitud y tenía que consultar varios manuales para calcular el precio final del automóvil. Este proceso podía tomar hasta medio día. El cliente tenía que regresar al día siguiente solo para saber cuánto costarían las opciones que solicitaba.

Hoy el proceso es diferente, se sienta el cliente con el vendedor, el cliente elige las prestaciones que desea en su coche y el vendedor las introduce en la computadora. Inmediatamente se puede imprimir una cotización, con el precio final, una fotografía de cómo se vería el coche ya con esas opciones integradas, la fecha esperada de entrega y alternativas de financiamiento. Una vez que entra un cliente a la agencia, no se le puede dejar ir sin una oferta formal.

Sistemas de administración del conocimiento (KMS)

El valor de una empresa es mayor al precio de sus activos. Una empresa vale por sus edificios y maquinaria, pero también por sus activos de conocimiento intangibles. El conocer a sus clientes, la forma de fabricar sus productos, y cómo desarrollar nuevas soluciones, son activos intangibles que pueden tener un valor importante para la empresa.

Un sistema de administración del conocimiento (knowledge management system, o KMS por sus siglas en inglés) reúne el conocimiento de la empresa y lo pone al alcance de quien lo necesite en el momento apropiado. Las funciones de un KMS incluyen: adquisición del conocimiento, donde se identifica, registra y almacena la información que se compartirá; el almacenamiento del conocimiento en bases de datos especializadas; la distribución del conocimiento a quien lo requiere mediante portales y motores de búsqueda; y la aplicación del conocimiento, mediante sistemas expertos o sistemas de soporte a las decisiones.

1.10.- Resumen

- Todos los días se toman decisiones, pero hay diferentes tipos. Las decisiones determinísticas implican resultados totalmente predecibles, mientras que las decisiones probabilísticas no garantizan un resultado pues estos dependen de factores algunas veces fuera de nuestro control.

- Todas las decisiones requieren información. Entre mejor información se tenga, se tiene mayor probabilidad de obtener resultados positivos.

- Un sistema de analítica de datos debe incluir todos los componentes necesarios para encontrar la información, procesarla y utilizarla en decisiones de negocio.

- Un sistema de analítica es un sistema integrado usuario-máquina, para proveer información, que apoya el proceso de toma de decisiones en una organización. El sistema utiliza: arquitecturas y equipos de cómputo, herramientas de análisis y aplicaciones, procedimientos manuales, metodologías para apoyar el proceso de toma de decisiones, y bases de datos.

- Desde el punto de vista funcional, se aprecian tres subsistemas básicos de un sistema de analítica: el subsistema de datos, el subsistema de análisis, y el usuario. El primer elemento reúne y prepara datos de diferentes fuentes. El segundo procesa los datos convirtiéndolos en información útil que es recibida por el tercer componente, el usuario, que es quien aprovecha los resultados para que generen valor para la organización.

- Las decisiones también se pueden categorizar por el tipo de proceso a seguir en estructuradas (que tienen un procedimiento definido) y no estructuradas (que no tienen reglas y el encargado de tomarlas debe aportar criterio, evaluación y entendimiento a la definición del problema).

- En una organización hay diferentes niveles, diferentes tipos de trabajo, y diferentes tipos de decisiones en cada nivel.

- Como hay diferentes necesidades de información, hay diferentes tipos de sistemas de cómputo: TPS registra y procesa las transacciones diarias necesarias para operar una empresa. MIS o IRS apoyan al nivel táctico de la organización en decisiones, DSS ayuda a los gerentes a tomar decisiones que son únicas, cambian constantemente y no se pueden especificar con anticipación.

1.11.- Ejercicios de repaso

Preguntas

1. ¿Cuál es la diferencia entre una decisión determinística y una probabilística?
2. ¿Qué es un sistema de analítica de datos?
3. ¿Qué es un sistema de información?
4. ¿Por qué decimos que un sistema de analítica requiere mucho más que solo una computadora?
5. ¿Cuál es la diferencia entre hardware y software?
6. ¿Qué funciones se realizan primordialmente en el nivel estratégico de la organización?
7. ¿Qué funciones se realizan primordialmente en el nivel táctico de la organización?
8. ¿Qué funciones se realizan primordialmente en el nivel organizacional de la empresa?
9. Identifica tres decisiones estructuradas que existen en un restaurante de comida rápida
10. Menciona cuatro decisiones no estructuradas que podrías encontrar en una fábrica de zapatos
11. ¿Para qué sirven los sistemas de procesamiento de transacciones y qué tipo de decisiones apoyan?
12. ¿Qué función tienen los sistemas de información gerencial?
13. ¿Cuál es la función de un sistema de soporte de decisiones?

Ejercicios

1. Lista tres decisiones determinísticas.
2. Identifica tres decisiones probabilísticas.
3. Identifica un proceso en una empresa y describe sus entradas, procesos, salidas y retroalimentación.
4. Identifica las entradas, procesos y salidas de un restaurante al recibir por teléfono una orden por una pizza
5. ¿Cuáles son las entradas procesos y salidas del proceso que sigue un médico al diagnosticar una enfermedad en un paciente?
6. Analiza la estructura organizacional de una empresa en tu región. Clasifica los puestos definiendo si son estratégicos, tácticos u operacionales.
7. Investiga en el mercado los nombres de dos empresas que vendan sistemas de planeación de recursos empresariales (ERP)

8. Investiga la empresa SAP, ¿qué tipos de sistemas son su principal fuente de ingresos?

9. Investiga la empresa Salesforce, ¿qué tipo de tecnología ofrece? ¿Para qué sirve?

Capítulo 2

Elementos de un Sistema de Analítica de Datos

"Aún no dispongo de datos. Es un error capital tratar de formular teorías antes de tener datos. Sin darse cuenta, uno empieza a deformar los hechos para que se ajusten a las teorías, en lugar de ajustar las teorías a los hechos."

Sherlock Holmes en "Un Escándalo en Bohemia", Sir Arthur Conan Doyle, 1891.

2.1.- Objetivos de aprendizaje

- Conocer los tres componentes básicos de un sistema de inteligencia de negocios.
- Entender la diferencia entre datos e información.
- Identificar los atributos de información útil.
- Entender el concepto de sobrecarga de información.
- Identificar los retos y riesgos en la captación y análisis de datos, así como los tipos de datos erróneos.
- Distinguir entre la analítica descriptiva, la predictiva y la prescriptiva.
- Identificar distintas herramientas para el análisis de información y sus características generales.
- Reconocer las diferencias entre los paneles de control y los cuadros de mando.
- Identificar las características de la denominada big data.

2.2.- Componentes funcionales de un sistema de analítica

Como se presenta al inicio de este libro, desde un punto de vista funcional, un sistema de analítica se integra por tres componentes principales: el subsistema de datos, el subsistema de análisis y el usuario.

El subsistema de datos es el encargado de recopilar, limpiar y almacenar la información necesaria para las decisiones. La información puede provenir de fuentes internas a la empresa o externas, se almacena temporalmente en un almacén de datos (Data Warehouse o Data Mart) y está disponible para ser utilizada por el subsistema de análisis.

El subsistema de análisis consiste en los modelos matemáticos, herramientas y programas de cómputo que permiten manipular los datos para identificar tendencias, estadísticas o formas de presentar la información al tomador de decisiones.

El usuario es quien recibe los resultados y, en base a la información recibida, el contexto de la decisión y su propia experiencia, decide si se requiere más información, otro tipo de procesamiento, o si se puede tomar una decisión. La información presentada debe ser entendible y útil para el usuario, considerando el tipo de decisión y la capacidad del usuario de procesar la información. Lo que para ciertas decisiones es información, pera otras son datos. Adicionalmente, el valor generado por la decisión debe superar los costos y el esfuerzo requerido para recopilar y analizar los datos.

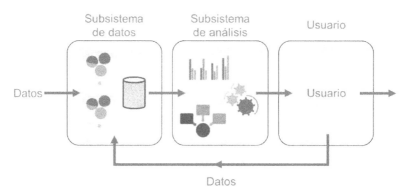

Figura 2.1.– Componentes de un sistema de inteligencia de negocios

2.2.2.- El usuario

El componente más importante de un sistema de analítica es el usuario, pues es quien recibe la información generada y la utiliza para tomar una decisión y perseguir los objetivos de la organización. Sin embargo, generar la información correcta requiere entender la diferencia entre datos e información, saber qué se define como información en cada nivel organizacional y entender los tipos de decisiones que se pueden apoyar. Adicionalmente, hay que analizar el valor generado por la información comparándolo contra los costos de su producción y asegurarse que esta llegue en una forma y cantidad entendible para el tomador de decisiones. Después de todo, es importante recordar que es un humano quien tomará la decisión.

2.2.1.- Atributos de la Información que Recibe el Usuario

Un sistema de analítica trabaja con datos para generar información que se proporciona a los usuarios para la toma de decisiones. Un dato es una representación de algo (el paquete pesa 450 gramos, la hora de recepción fue a las 11:45 a.m., el destino es en Ciudad de México, el precio cobrado fue $350). Los datos en sí mismos dicen poco. Es cuando los datos se organizan de cierta forma que pueden tener significado útil para ciertas personas. Por ejemplo, luego de calcular el costo de transportar el paquete en función de su peso, volumen y ruta, y compararlo con el precio cobrado por la entrega, la empresa puede saber qué tan rentable es entregar paquetes en esa ruta, o si deben buscar cambiar el precio de sus servicios.

Por lo tanto, mientras que **datos** son representaciones de la realidad, **Información** se define como datos organizados de una forma que signifique algo para alguien (recordemos que son personas las que reciben la información para tomar decisiones). Los datos son las entradas, la información es la salida.

La información reduce la incertidumbre y respalda el proceso de toma de decisiones. Información inexacta, que llega después de haber tomado la decisión, o que no se entiende, es poco útil o incluso puede llevarnos a tomar malas decisiones. Por lo tanto, la información debe ser de calidad. Las características de información de calidad se definen por una serie de "atributos de la información": [Senn, 1987]

Atributos de un conjunto de información

- Relevante: Es necesaria para para una situación particular.
- Completo: Proporciona al usuario todo lo que necesita saber a cerca de una situación particular.
- Oportuno: Está disponible cuando se le necesita.

Atributos de un elemento de información

- Exactitud: Representa la situación o el estado como realmente es.
- Forma: Puede ser cuantitativa o cualitativa, numérica o gráfica, impresa o electrónica, resumida o detallada. La selección del formato de la información lo dicta la situación en la que será usada.
- Frecuencia: Medida de cuán a menudo se requiere o produce.
- Extensión: Puede cubrir una amplia área de interés o solo una parte.
- Origen: Interna o externa, directa o indirecta
- Temporalidad: Puede estar orientada al pasado, al presente o hacia actividades o sucesos futuros.

> **Minicaso – La información de las credenciales de elector de México**
>
> Todo mexicano, mayor de 18 años recibe una credencial de elector. En ella van el nombre, dirección, fotografía, huella digital y firma del sujeto de la credencial. Con esa información se puede identificar al portador de la misma. La credencial no incluye el peso del sujeto, pues obtener esa información sería muy caro (poner básculas en cada centro, entrenar a los operadores, recopilar los datos, etc.) y no agregaría más certidumbre a la identificación. Si con la fotografía, huella digital y firma no podemos decir si el portador es en realidad del dueño de la credencial, tener información del peso del sujeto no haría nuestra decisión más certera. Decidir qué información incluir en un reporte es una de las responsabilidades más importantes de un diseñador de procesos de negocio.

2.2.2.- El Valor de la Información para el Usuario

Algunas veces el efecto de tener la información necesaria para tomar una decisión puede ser determinística y cuantificable. Por ejemplo, si se tiene que decidir entre invertir el dinero en dos instrumentos diferentes de renta fija. Si la información nos indica que el primer instrumento ofrece un rendimiento 1% superior al segundo instrumento, entonces tener esa información a tiempo produce una ganancia de ese 1% sobre el valor total de la inversión.

Otras veces la decisión es probabilística, eso significa que uno puede tomar la mejor decisión, pero las cosas pueden moverse en diferentes direcciones, por lo que uno toma la mejor decisión con la información que tiene. Tener mejor información podría significar mejorar la probabilidad de obtener mejores resultados (aunque eso no se podría asegurar por completo). La decisión de invertir en acciones de una empresa depende de si la información que tenemos apunta a que esas acciones subirán de precio. Sin embargo, el precio de las acciones lo determinan muchas variables, algunas de ellas fuera del control de la empresa, por lo que la decisión de invertir se basa en la mejor información que se tiene, pero no se posee certeza absoluta del resultado final. De cualquier forma, es de suponerse que entre mejor información se tenga, mayor será el valor esperado de la decisión.

Otro ejemplo del valor de la información en decisiones probabilísticas se podría ver en un ejemplo de unas carreras de caballos. Supongamos que hay siete caballos compitiendo en una carrera, y no tenemos información de ninguno de ellos, la probabilidad de elegir al caballo ganador en una apuesta antes del inicio de la carrera sería de un séptimo. Ahora bien, si alguien me dice que el caballo número uno está enfermo y no tiene posibilidades de ganar, puedo con certeza descartar la posibilidad de que ese caballo gane, por lo que ahora la probabilidad de elegir al caballo ganador es un sexto (mejor que antes).

2.2.4.- Sobrecarga de Información del Usuario

Si mapeamos la calidad y cantidad de la información recibida, contra la calidad de la decisión a tomar, se puede argumentar que a mejor información mejores decisiones, sin embargo, hay dos factores a considerar. Primero, que algunas veces nueva información solo confirma la anterior, por lo que no brinda valor agregado; y la segunda es que son humanos los que tomarán la decisión, por lo que la información debe ser entendible y procesable por una persona.

Es de esperarse que más información lleve a mejores decisiones, sin embargo, llega un punto donde demasiada información puede confundir al tomador de decisiones y su desempeño puede empeorar. Este punto se conoce como el **punto de sobrecarga de información**.

El punto de sobrecarga de información es donde proporcionar más información a un tomador de decisiones produce que se tomen decisiones de menor calidad (por la confusión o falla en el procesamiento humano de los datos). La figura 2.2 ilustra la relación ente calidad de información y calidad de decisión e identifica el punto de sobrecarga de información.

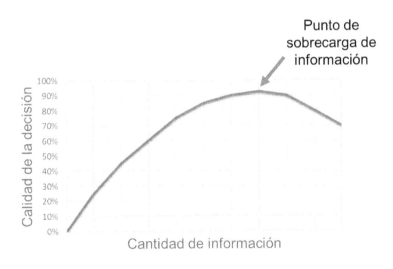

Figura 2.2.- Punto de sobrecarga de información

El objetivo de un diseñador de sistemas de analítica es decidir qué información procesar, cómo procesarla y cómo presentarla al usuario para que esta sea útil, valiosa y con una buena relación de costo/beneficio en su toma de decisiones.

2.3.- El Subsistema de datos

El subsistema de datos es el encargado de recopilar, limpiar y almacenar los datos necesarios para las decisiones. Los datos pueden provenir de fuentes internas o externas a la empresa. Normalmente no es conveniente trabajar directamente con los datos de los sistemas de producción (no sería divertido si alguien quisiera analizar un escenario de producción y esto hiciera que se detuviera el trabajo en la planta de manufactura). Por lo tanto, los datos relevantes se copian a un almacenamiento temporal llamado almacén de datos (Data Warehouse o Data Mart). De igual forma, los datos externos relevantes son extraídos y almacenados en el mismo contenedor para que estén disponibles para el análisis.

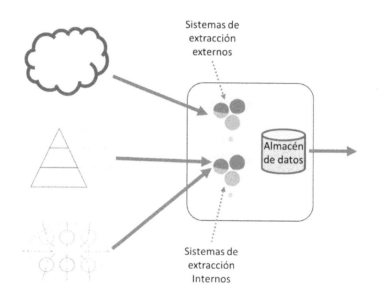

2.3.- Componentes del subsistema de datos

El subsistema de datos se compone de las fuentes de datos internas, las fuentes de datos externas, los sistemas de extracción de datos y el almacén de datos. Una práctica común es que el componente de extracción de datos interactúe con los otros sistemas internos de la empresa y copie la información necesaria al almacén de datos. Este proceso generalmente ocurre en la noche, por lo que cada día se tienen datos frescos y actualizados para trabajar en las decisiones. Si por algún error en el proceso se borraran o modificaran algunos datos en el almacén de datos, es posible solicitar una nueva copia fresca de la información para regresar al proceso de toma de decisiones. De igual forma, si las decisiones requieren información al minuto, es posible diseñar sistemas de extracción que actualicen constantemente los datos del almacén de datos.

2.3.1.- Retos en la recopilación de datos

Dice el coronel y comandante de la NASA Chris Hadfield: "Ningún astronauta se lanza al espacio con los dedos cruzados. Así no es como lidiamos con el riesgo." En realidad, todas las decisiones importantes en las organizaciones deberían de tomarse con esa misma postura, buscando minimizar cualquier error o resultado no contemplado al realizar un análisis de todos los escenarios, tendencias y correlaciones, entender las anomalías que pudieran surgir y con ello definir posibles alternativas de acción. El gran reto es que un análisis a profundidad difícilmente lo va a poder realizar una persona sin la ayuda de una máquina, que puede encontrar hallazgos destacados donde el humano no los identifica a simple vista.

Hoy en día, las principales amenazas para la supervivencia, tanto de las organizaciones como de las sociedades, no vienen de hechos repentinos, sino de procesos lentos y graduales. Por ello, se vuelve muy relevante encontrar patrones, tendencias, correlaciones y causalidades entre las diferentes variables existentes.

La gran mayoría de los dueños de PyMEs en Latinoamérica pasan más tiempo tratando de obtener información que dirigiendo sus empresas. De acuerdo con encuestas dirigidas a gerentes y directores, el 20% del tiempo o más se llega a invertir en procesar información. En perspectiva, esto representa que en una organización que trabaja usando la semana inglesa (trabajo de lunes a viernes), uno de los cinco días es enteramente dedicado a ello. La utilización de herramientas que logran consolidar y presentar la información según los requerimientos de la compañía, permiten minimizar este esfuerzo.

Esto llega a ser paradójico, en plena Era de la Información, y lo es más considerando que en muchas ocasiones no está mostrando información que nos ayude a conocer el negocio mejor. Por ello, el problema en la gran mayoría de las organizaciones más que tecnológico, incluso es estratégico: usualmente no se sabe qué hacer con la información.

Otros dos aspectos primordiales para el adecuado análisis de datos son las **fuentes de información** y su automatización, así como la **depuración y corrección de los datos**.

De acuerdo con investigaciones de hace algunos años en Estados Unidos, el costo de datos erróneos ha llegado a tener una implicación de un **10-25% de los ingresos de un negocio**, lo cual tiene una repercusión de más de 3 billones de dólares (USD 3 trillion en su acepción en inglés) al año. [Colosimo, 2015]

En informática es muy conocido el término "basura entra, basura sale", refiriéndose que entre más contaminada y con información errónea se tenga una base de datos, el análisis y conclusiones que se obtengan al respecto por consiguiente saldrán contaminados en la misma proporción. Es por esto que las empresas tienen que identificar los riesgos que existen en el proceso y las herramientas de generación de la información en los diferentes departamentos, con la finalidad de poder minimizarlos. Desafortunadamente, la mayoría de las organizaciones no focalizan esfuerzos en la revisión, depuración y corrección de datos.

Figura 2.4.- Categorías de datos erróneos

En una base de datos, tradicionalmente existen 4 tipos de datos erróneos: los **datos duplicados**, la **información faltante**, la **información inexacta** y la **información incorrecta**.

Datos Duplicados: se refiere aquellos datos que están registrados dos (o incluso a veces más) veces en la base de datos. Por ejemplo, un cliente que es dado de alta por dos vendedores diferentes o un artículo registrado más de una vez.

Información Faltante: en ocasiones en los registros se considera el llenado de ciertos campos que permiten segmentar o brindar más información relacionada a la transacción o registro a realizar. Por ejemplo, que en los datos maestros de un cliente se defina un campo para el registro del giro de la empresa, y la persona a cargo de capturar dicho registro lo deje en blanco.

Información Inexacta: existe información que fue correcta cuando fue dada de alta, pero que con el tiempo cambió y ya es errónea. Por ejemplo, un cliente que cambió de domicilio o de persona de contacto, y eso no se ha modificado en la base de datos.

Información Incorrecta: está relacionado a cualquier dato que es incorrecto en la base de datos (en estricta teoría, la información inexacta también pudiera considerarse dentro de esta categoría). Por ejemplo, un artículo que cuando se da de alta, su precio se especifica mal.

De las cuatro categorías, las primeras dos son más fáciles de identificar y corregir que las segundas dos. Los datos duplicados en ocasiones se resuelven con validaciones realizadas en la base de datos (por ejemplo, que el sistema al realizar el registro no permita crearlo si ya existe un cliente con la misma razón social o registro federal de contribuyentes). Esto es un poco más complejo cuando los registros no son idénticos, en donde hay ciertas variaciones en cómo se escribe una descripción de un artículo, digamos. Existen herramientas para preparar y limpiar datos, como OpenRefine y Tableau Prep, que permiten agrupar registros similares para obtener recomendaciones automáticas para homologar registros que en teoría deberían de tener misma información.

En el caso de la información faltante, las validaciones a crear por parte del sistema son normalmente todavía más fáciles, dado que no se debe de permitir dejar los campos identificados como obligatorios en blanco para que se pueda generar el registro.

En el caso de la información inexacta e incorrecta, usualmente es información más complicada de validar, salvo que el contenido del campo sea evidentemente incorrecto por cualquier persona ajena a los datos (por ejemplo, alguien que, en lugar de poner una descripción, ponga un punto únicamente). Estos casos requieren personal que tenga rutinas de revisión y corrección de datos o procesos en aplicaciones o portales donde se solicita a un cliente o proveedor que revise que sus datos relacionados sean correctos o requieran una actualización. Así, dependiendo de las posibles causas de los errores (mala interpretación, mal tecleo de la información e incluso problemas con interfaces hacia otras plataformas de donde se obtiene originalmente la información), es necesario promover capacitaciones, crear rutinas de revisión o incluso algún incentivo (o incluso castigo en caso de tener una calidad de datos inaceptable) para los procesos de validación.

Es importante considerar que, típicamente, los procesos más automatizados y que requieren una menor intervención y manipulación de los datos por parte de las personas tienen menor potencial de tener errores. Es por esto que las soluciones ERP (por sus iniciales, Enterprise Resource Planning) son tan relevantes para ello, dado que automatizan el flujo de información entre departamentos, y sobre todo aquellas con una mayor penetración de mercado y protocolos con estándares internacionales en sus procesos, como SAP u Oracle.

De acuerdo con IDC (ver Figura 2.5), las compañías con mejor desempeño por lo general invierten en la gestión e integración de datos, así como en procesos y tecnología para la integridad de datos para mejorar la calidad y la coordinación [IDC, 2019].

Estos datos son usados para influir en la toma de decisiones y como fuente para entrenar la inteligencia artificial y los algoritmos de aprendizaje automático, un círculo virtuoso de reforzamiento positivo.

Figura 2.5.- Resultado de la Investigación de IDC sobre la calidad de los datos [IDC, 2019]

2.3.2.- Las Muestras en el Análisis de Datos

En analítica de datos, como en la estadística en lo general, mientras se cuente con más información para su análisis, es mejor. Hay que tener en cuenta que, si se tuviera un registro de cada variable posible dentro del universo a analizar, se diría que el análisis se realizaría de la **población**. Desafortunadamente, eso en la mayoría de las ocasiones es muy difícil, costoso o hasta imposible de lograr. Por ejemplo, si se quisiera la opinión en materia de seguridad de cada persona dentro de nuestro país (o incluso dentro de un estado específico), sería una labor titánica, cuyos resultados no justificarían la inversión asociada. Es por ello, que el análisis comúnmente se realiza de una **muestra** de dicha población, es decir, tan solo de una parte de esta. Para ello, hay que tener en cuenta que dicha muestra tiene que ser **representativa** (típicamente en una población finita entre el 5% y el 10% de los datos de la población).

La obtención de los datos debe de ser aleatoria dentro de los diferentes tipos de segmentos de la población, dado que, de lo contrario, existe un alto riesgo de que dicha información se encuentre **sesgada**. Por ejemplo, una encuesta a ciudadanos vía internet acerca de su percepción del desempeño del gobierno local ignora a ciudadanos sin acceso a internet, por lo cual seguramente será sesgada.

2.4.- El Subsistema de análisis

El subsistema de análisis consiste en los modelos matemáticos, herramientas y programas de cómputo que permiten manipular los datos para identificar tendencias, estadísticas o formas de presentar la información al tomador de decisiones. Se compone del equipo (hardware) especializado para procesar y presentar la información, más los programas (software) necesarios para el análisis.

Minicaso – Muestreo para conocer el contenido de un barril sin vaciar su contenido

Si tenemos un barril que contiene agua y petróleo, y quisiéramos conocer el porcentaje de cada elemento, podríamos vaciar el barril, pero entonces ya no tendríamos el producto. Una segunda opción es introducir una tasa y obtener una muestra del contenido del barril. El problema es que, si el barril está en reposo, el petróleo flotaría, por lo que, si la tasa la sacamos de la parte superior del barril, esta contendría solo petróleo, mientras que si el contenido de la tasa se obtiene de la parte inferior entonces tendríamos agua. Una forma de asegurarnos que el contenido de la tasa represente el contenido del barril sería revolviendo muy bien el contenido del barril, y antes que este se asiente obtener el contenido de la tasa de muestra. Si el contenido se revolvió bien y la tasa es de un tamaño razonable, los porcentajes de petróleo y agua de la tasa representarán los porcentajes de cada elemento en el barril.

Las herramientas de Inteligencia de Negocios pueden tener tres principales perspectivas analíticas: descriptiva, predictiva y prescriptiva. Originalmente, las herramientas para cada una de dichas funciones eran diferenciadas, pero cada vez es más común encontrar aplicaciones que integran de funcionalidades que cubren más de una perspectiva o las tres. Hay que considerar que las otras herramientas de análisis de datos enunciadas con anterioridad pueden tener algunas de estas perspectivas también.

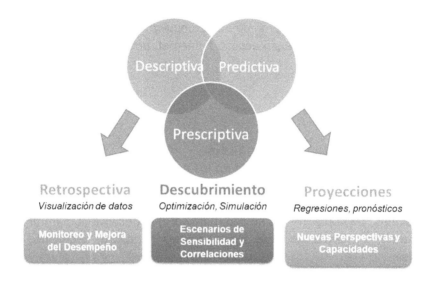

Figura 2.6.- Perspectivas de Análisis en Inteligencia de Negocios

Analítica Descriptiva: permite analizar la información registrada, lo ya ocurrido en una organización, usualmente con la finalidad de monitorear y mejorar el desempeño. Algunos ejemplos son gráficos que muestren la rotación del inventario, tendencias históricas del desempeño de costos año con año, segmentación del mercado, medición de la satisfacción de los clientes o los resultados de operaciones.

Analítica Predictiva: permite analizar la información registrada, buscando identificar patrones y tendencias futuras mediante regresiones. Algunos ejemplos son: previsiones de los días de stock que se prevé que se tenga una mercancía, un análisis de qué artículos le pudieran interesar a un cliente tomando en cuenta su comportamiento, potenciales transacciones fraudulentas dentro del comportamiento de compras con una tarjeta de crédito o la proyección financiera de una organización.

Analítica Prescriptiva: permite jugar con simulaciones de escenarios, realizando análisis de sensibilidad (también conocidos como análisis "what-if", donde un sistema arroja resultados dependiendo de supuestos impuestos) y optimización de resultados. Entre los ejemplos para este apartado puede estar las recomendaciones de reaprovisionamiento de inventario, la selección de un portafolio de inversión para alcanzar una meta financiera o simulación de escenarios para la determinación de mantenimiento preventivo en producción de acuerdo a determinados síntomas o valores.

Minicaso: Los medicamentos no se venden como antes

Cuando una farmacéutica desarrolla un nuevo medicamento, es importante que lo dé a conocer a los médicos para que lo tomen en cuenta en sus recetas. Para esto, las empresas cuentan con una fuerza de ventas que normalmente visita a los médicos en sus consultorios y entrega muestras gratis para que las den a sus pacientes. La práctica ha funcionado casi sin cambios por cerca de cincuenta años. Sin embargo, algunos en la industria creen que los médicos de hoy prefieren enterarse de los nuevos medicamentos por medios electrónicos y videoconferencias, en lugar de visitas personales. ¿Qué tipo de análisis se necesita para saber si están cambiando las preferencias de los médicos para enterarse de nuevos medicamentos? ¿Hay forma de pronosticar lo que pasará con la fuerza de ventas de alguna empresa en este giro? ¿Qué tipo de análisis explicaría por qué están sucediendo esos cambios en el mercado?

A pesar de que la mayor parte de las organizaciones, en mayor o menor medida, llegan a utilizar hojas de cálculo (principalmente Excel) para la elaboración de reportes y gráficos, existen herramientas complementarias, como paqueterías para visualización de reportes planos que tienen algunos sistemas administrativos o directamente en los gestores de bases de datos (por ejemplo, SQL Server). Otros, como Crystal Reports, son herramientas de inteligencia empresarial con facultades de mostrar reportes gráficos y desarrollar formatos, pudiendo clasificar, insertar formatos condicionales, parámetros o agrupaciones en la visualización, además de generar gráficos o reportes asociados (anidados) entre sí, pudiendo tener acceso controlado por reporte a diferentes usuarios (ver Figura 2.7).

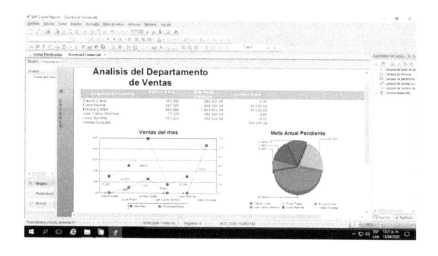

Figura 2.7.- Ejemplo de Reporte en Crystal Reports

También existe software de análisis estadístico, como SPSS, Matlab o R, que permiten identificar la dispersión, correlaciones, tendencia central o regresiones entre conjuntos de datos, teniendo opción de mostrar resultados de forma gráfica (ver Figura 2.8). Otra categoría de software, el Data Mining, también utiliza información estadística, pero para descubrir de forma automatizada patrones en grandes volúmenes de datos y transformarlos en información más refinada. Algunos ejemplos son Rapidminer y Sisense (ver Figura 2.9).

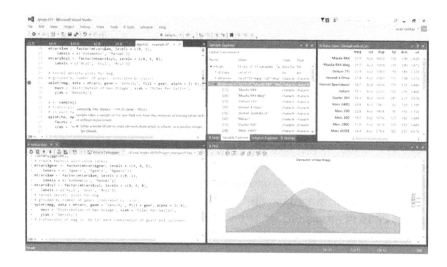

Figura 2.8.- Ejemplo de Microsoft R Open

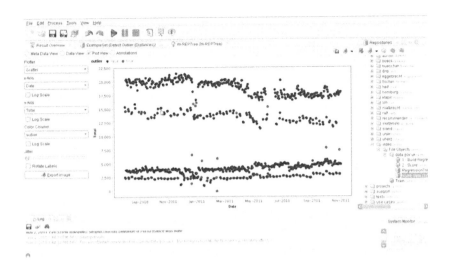

Figura 2.9.- Ejemplo de Rapidminer

Sin embargo, existen aplicaciones diseñadas para un análisis más completo y versátil de la información, denominadas herramientas de Inteligencia de Negocios (conocidas también como Business Intelligence o BI), orientadas al desarrollo y alcance de los objetivos organizacionales mediante los analíticos y las cuales pueden tener una diversidad de funcionalidades, dependiendo de las perspectivas que abarcan. Como definición, se podría decir que los BI son sistemas que permiten la recolección, administración e interpretación de información, permitiendo su análisis gráfico para la toma de decisiones.

Una ventaja de estas herramientas es que por lo general se pueden conectar a las bases de datos más comunes, sin importar el sistema administrativo en el que se trabaje, e incluso pueden conectar información desde diferentes herramientas (con diferentes bases de datos) de manera simultánea. Lo importante es que los datos estén físicamente almacenados en algún gestor de base de datos y que estén estructurados (lo cual se puede lograr a través de la modelación de datos).

Panel de Control	Cuadro de Mando
Progreso a lo largo del tiempo	Estado en un punto en el tiempo
• Operacional (Corto Plazo) • Secuencia de valores en tiempo real	▪ Estrategia (Largo Plazo) ▪ Real vs Objetivo (KPIs) ▪ Actualización periódica (estáticos)

Figura 2.10.- Comparativo entre Panel de Control y Cuadro de Mando

Paneles de Control (Dashboards) vs Cuadros de Mando (Scorecards)

En la ejecución, dentro del análisis descriptivo normalmente es importante monitorear la operación, y eso se da desde dos tipos de reportes diferentes: los paneles de control y los cuadros de mando.

Un **panel de control** (dashboard) concentra múltiples informes que brindan un acceso fácil a varios conjuntos de datos simultáneamente (ver Figura 2.11). A diferencia de los cuadros de mandos, los paneles de control se utilizan como una herramienta de monitoreo en tiempo real. Los datos se actualizan constantemente, lo que brinda a las organizaciones la oportunidad de realizar un seguimiento de su desempeño operativo en tiempo real de lo que está sucediendo en el día con día.

Un **cuadro de mando** (scorecard) es un medio utilizado para alinear la evolución de la estrategia con los objetivos, por lo general planteados a mediano y largo plazo. Es excelente para evaluar la evolución del desempeño en función de la estrategia (a lo cual se le denomina Indicador Clave de Negocio, o por KPI por sus iniciales en inglés), e incluso en ocasiones para identificar si fuera necesario replantear la estrategia. Es muy común que se use la semaforización de los gráficos o tablas mostrados de forma contextual, de manera que, si el desempeño es equivalente o superior a la estrategia, el nivel actual se muestra en verde; en caso de que los resultados actuales sean ligeramente por debajo de los esperado se muestra en amarillo o naranja y ante resultados malos en rojo.

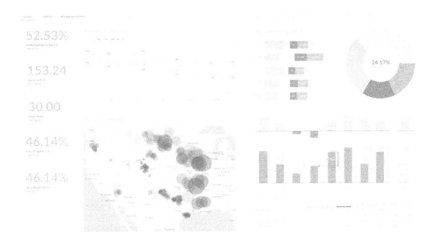

Figura 2.11.- Ejemplo de Panel de Control en SAP Analytics Cloud

Tradicionalmente, los cuadros de mando han presentado una vista más estática de una organización en un momento dado, en lugar de una perspectiva dinámica para monitorear el progreso organizacional, sin permitir un análisis en tiempo real o niveles de detalle de visualización debido a los retos que implicaba en el pasado la integración a nivel corporativo de todos los silos de información.

En pocas palabras, tradicionalmente un panel de control es mejor para administrar operaciones y un cuadro de mando es mejor para administrar estrategias. Conforme al avance de las tecnologías y un manejo más eficiente de grandes cantidades de datos, cada vez más existen herramientas que permiten borrar más la línea entre ellos con indicadores que integran las virtudes de ambos, los cuales se pudieran denominar "paneles de control estratégicos" o "cuadros de mando operativos".

Un panel de control estratégico puede formar parte de un conjunto pequeño y conciso de medidas que representan la estrategia de la organización en su conjunto. Podría crear una vista simple de una página de estas medidas estratégicas clave, mientras mantiene la capacidad de profundizar y analizar los resultados.

Un cuadro de mando operativo ofrecería objetivos tácticos (a corto plazo) en lugar de objetivos estratégicos (a largo plazo), para aplicar en situaciones o proyectos particulares, que pudiera gestionar varios proyectos realizados al mismo tiempo. Básicamente se podría decir que es un cuadro de mando, pero con un enfoque más a corto plazo. [Jackson, 2020; Liberty, 2018]

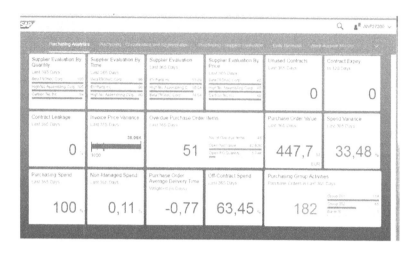

Figura 2.12.- Tablero de Compras con diferentes Cuadros de Mando en S/4 HANA

Creación del análisis gráfico: del técnico al usuario final
Con anterioridad, la creación o modificación de cualquier gráfico en una herramienta de Inteligencia de Negocios (BI) requería de la intervención de un especialista técnico en la materia. Como ha sucedido con muchas otras aplicaciones, el acceso al diseño en estas plataformas se ha hecho más fácil y eficiente, teniendo funcionalidades que permiten a cualquier usuario final desarrollar sus propios gráficos sin ningún conocimiento técnico, pudiendo analizar al vuelo sus propias perspectivas (denominados *Análisis de Cubos*). Algunos ejemplos son Tableau, Power BI, Qlik Sense o SAP Analytics Cloud.

La necesidad de análisis de datos masivos: Big Data
Big data (también traducidos como "macrodatos") se refiere a conjuntos de datos muy grandes y complejos que presentan diversas características o retos, representados por las denominadas 4 V's: **Volumen** (grandes volúmenes de datos), **Velocidad, Variedad** y **Veracidad** de los datos (hay autores que incluyen también **Valor** de los datos como una "V" adicional). Cabe recalcar que se dice que se han generado 80% de los datos actuales en el mundo tan solo en los últimos 2 años, lo cual es algo que se sigue dando de manera exponencial.

Este tipo de conjuntos de datos son muy difíciles de manejar por las herramientas de procesamiento de datos tradicionales y, por ello, existen nuevas tecnologías que permiten procesar los datos de manera mucho más eficiente.

Figura 2.13.- Ejemplo de Análisis de Cubos en SAP Analytics Cloud

¿Qué tan difícil es gestionar y analizar la operación en una organización?

Una empresa llega a procesar muchas transacciones diarias, quizás cientos, miles, millones o más dependiendo del tamaño de esta. Tomemos como analogía una carrera de Fórmula 1, la cual es un evento que dura aproximadamente hora y media.

En promedio, un auto de F1 lleva entre 150 y 300 sensores. Cada escudería cuenta con dos autos en la carrera, por lo que entre los dos se generan 13 mil millones de datos durante la competencia. Suponiendo que esos datos fueran personas, eso es casi el doble de la población mundial. Teniendo en cuenta esa referencia de datos que se llegan a dar en un evento de hora y media, en perspectiva todo lo relevante que puede ser medible en una organización a lo largo de un año puede ser un volumen mucho mayor.

Las plataformas de procesamiento de datos tradicionales alojan los datos para su procesamiento en el disco duro para luego ser procesadas en memoria RAM, mientras ciertas plataformas especializadas en el manejo disruptivo de Big Data alojan los datos directamente en RAM, lo cual permite hacer preguntas y obtener su respuesta en 100 milisegundos (1/10 de segundo). Este nivel de respuesta permite que la velocidad de análisis llegue a ser más de 10,000 veces más rápido que algunas plataformas convencionales, lo que equivaldría a caminar de Lima, Perú a Cancún, México en 6 minutos, permitiendo la consolidación de enormes volúmenes de datos de manera eficiente, facilitando la realización de análisis predictivo y la aplicación de algoritmos de Inteligencia Artificial dentro de los sistemas administrativos y en las herramientas de Inteligencia de Negocios. Un ejemplo de este tipo de herramientas de procesamiento de Big Data es SAP HANA.

2.7.- Resumen

- Desde un punto de vista funcional, un sistema de inteligencia de negocios se integra por tres componentes principales: el subsistema de datos, el subsistema de análisis y el usuario.

- Para que la información sea útil debe ser relevante, completa, y oportuna. Las piezas individuales de información deben ser exactas, venir en el formato correcto, con la frecuencia que se requiera, con la extensión adecuada, de la fuente correcta y con la temporalidad necesaria.

- Las características y cantidad de información son importantes pues es necesario que la información no sobrepase el punto de sobrecarga de información, donde más información podría producir decisiones menos efectivas, o donde el costo de producir información sobrepase el valor que esta significa para la decisión.

- El subsistema de datos es el encargado de recopilar, limpiar y almacenar la información necesaria para las decisiones. La información puede provenir de fuentes internas a la empresa o externas.

- Existen 4 tipos de datos erróneos: los datos duplicados, la información faltante, la información inexacta y la información incorrecta.

- El subsistema de análisis consiste en los modelos matemáticos, herramientas y programas de cómputo que permiten manipular los datos para identificar tendencias, estadísticas o formas de presentar la información al tomador de decisiones.

- Las herramientas de análisis de información pueden basarse en información total (población) o en muestras representativas aleatorias (no sesgadas)

- Las herramientas de Inteligencia de Negocios pueden tener tres principales perspectivas analíticas: descriptiva, predictiva y prescriptiva.

- Un panel de control (dashboard) concentra múltiples informes que brindan un acceso fácil a varios conjuntos de datos simultáneamente. Se utilizan como una herramienta de monitoreo en tiempo real.

- Un cuadro de mando (scorecard) es un medio utilizado para alinear la evolución de la estrategia con los objetivos. Tradicionalmente, presentan una vista más estática de una organización en un momento dado.

- Big data (también traducidos como "macrodatos") se refiere a conjuntos de datos muy grandes y complejos que presentan diversas características o retos, representados por las denominadas 4 V's: Volumen (grandes volúmenes de datos), Velocidad, Variedad y Veracidad de los datos (hay autores que incluyen también Valor de los datos como una "V" adicional).

2.8.- Ejercicios de repaso

Preguntas

1. ¿Cuáles son los tres componentes funcionales de un sistema de analítica?
2. ¿Cuál es la diferencia entre datos e información?
3. ¿Qué significa sobrecarga de información?
4. ¿Qué impacto tiene la información errónea en las empresas?
5. ¿Cuáles son los cuatro tipos de datos erróneos?
6. ¿Cuál es la diferencia entre población y muestra?
7. ¿Qué características debe tener una muestra para que represente en forma válida a la población completa?
8. Menciona algunas herramientas para el análisis de datos
9. ¿Cuál es la diferencia entre analítica descriptiva, predictiva y prescriptiva?
10. ¿Cuál es la diferencia entre un dashboard y un scorecard?
11. ¿Qué es big data?
12. ¿Cuáles son las cuatro (o cinco) V´s de big data?

Ejercicios

1. Investiga alguna herramienta para análisis de datos, checa la página de Internet de la herramienta. Reporta qué hace, para qué se utiliza, algunos usuarios reales de la herramienta y quién la produce.
2. Investiga algunas aplicaciones de Big Data en la industria.

Módulo II

Metodologías de Administración de Proyectos Tecnológicos

Capítulo 3

Metodologías de Cascada para el Desarrollo de Sistemas

"Apresurarse en la fabricación sin estar seguro del producto es la causa no reconocida de muchos fracasos empresariales. La gente parece pensar que lo importante es la fábrica, o la tienda, o el respaldo financiero, o la administración. Lo importante es el producto, y cualquier prisa en comenzar la fabricación antes de que se completen los diseños es sólo mucha pérdida de tiempo".

Henry Ford, "Mi Vida y Obra", 1922

3.1.- Objetivos de aprendizaje

- Identificar los retos que representa la construcción de nuevos sistemas de analítica de datos.
- Reconocer la diferencia y el uso de la automatización, racionalización y rediseño de procesos.
- Entender qué es, para qué sirve y por qué es importante el ciclo de vida de desarrollo de sistemas.
- Conocer las fases del ciclo de vida de desarrollo de sistemas.
- Identificar los factores críticos de éxito para un proyecto de desarrollo de un sistema de analítica.
- Entender en qué consiste y para qué sirve el modelo CMMI.

3.2.- Los retos al construir nuevos sistemas

Una solución de inteligencia de negocios se integra por componentes de diversos tipos:

- Equipo de cómputo y software
- Procedimientos manuales
- Modelos para el análisis, la planeación, el control y la toma de decisiones
- Una base de datos

El equipo de cómputo (hardware) se puede comprar o rentar. Aparentemente solo hay que pagar por él, y listo. Sin embargo, hay que definir el tipo de equipo a utilizar, su capacidad y requerimientos. Para definir esto, primero hay que especificar qué es lo que se necesita que haga ese hardware; es decir, que tipo de programas deberá ejecutar.

Obtener el software y los procedimientos manuales es mucho más complicado. Los programas de cómputo no aparecen solos. Hay que saber qué se requiere que hagan, y luego comprarlos, construirlos o rentarlos. Los procedimientos habría que diseñarlos, pero también requieren entrenar a los usuarios y asegurar su operación continua para que el sistema de información funcione.

Construir un sistema de analítica, al igual que un sistema de información requiere superar algunos retos muy específicos de la disciplina. Entre los más relevantes se incluyen los siguientes:

El software requiere perfección

La velocidad estándar de una película o un video para ver en televisión es de entre 24 y 30 cuadros por segundo. Esto significa que un video de 15 minutos requeriría 27,000 imágenes. Suponga que una de esas imágenes tiene problemas y la recortan de la película. La gente como quiera recibiría el mensaje que la película buscara comunicar. De hecho, nadie se daría cuenta que la película tiene 26,999 imágenes en lugar de 27,000.

En un sistema de cómputo, no es extraño encontrar sistemas que requieran 27,000 líneas de código. Si una sola de esas líneas tuviera un signo de más en lugar de uno de menos, o la línea simplemente fuera eliminada, muy probablemente el programa arrojaría respuestas equivocadas, o si tenemos suerte, dejaría de funcionar. La opción de que deje de funcionar es deseable porque así, al menos sabríamos que hay un problema. Muchos programas operan con problemas que no se detectan sino hasta que están en operación.

Muy pocas actividades humanas requieren el mismo nivel de perfección que el desarrollo de sistemas.

Tiene muchas partes

Un segundo problema es que los sistemas de información tienen muchos componentes. Además de las líneas de código, se requiere hardware donde operen esos programas, pero también acceso a datos y procedimientos manuales, tanto para la preparación de los datos como para su uso, distribución y aprovechamiento. Dar seguimiento al desarrollo, instalación y operación de una solución multicomponente no es un asunto trivial. Tampoco es algo que se pueda manejar en la memoria de una persona. Es necesario contar con instrumentos que apoyen a los desarrolladores para asegurarse que cada componente llegue en el momento que se necesita, que todo se integre correctamente y que se pueda operar sin problemas.

Hay muchas personas involucradas

El componente más complejo de un sistema es el usuario. En el desarrollo de sistemas, generalmente es un especialista en tecnología quien desarrolla e integra los sistemas, pero es necesario involucrar en todas las etapas del proceso a personas, muchas veces no especializados en tecnología.

El especialista en tecnología generalmente no es el experto en la situación de negocio que se quiere apoyar con el sistema, por lo que se requiere intervención de los usuarios en la definición de objetivos y diseño de soluciones. También hay usuarios involucrados al finalizar el proyecto, pues es necesario capacitarlos y hacer entrega del sistema. Los usuarios también son los dueños de la operación.

Un problema adicional de los usuarios es que ellos generalmente tienen otras funciones en la empresa (no se dedican a fabricar sistemas) por lo que el tiempo dedicado al proyecto tienen que sacarlo de sus actividades diarias, y eso puede provocar bajas en su productividad. Es importante involucrar también a los supervisores de los usuarios y la alta administración de la empresa para asegurar a los usuarios involucrados en el proyecto que el proyecto es importante y que, si hubiera bajas en productividad durante el desarrollo, eso no contaría en contra del usuario en sus evaluaciones de desempeño.

Produce cambios en la organización

Desde el punto de vista organizacional, un sistema de información nuevo significa cambios en la forma de operar o tomar decisiones. La organización, como un ente, está generalmente diseñada para operar en forma continua, y por consiguiente, tiende a defenderse de fuerzas externas que traten de cambiar su dirección. Estas defensas se manifiestan como resistencia al cambio.

La resistencia al cambio no es necesariamente mala, es la forma en la que las organizaciones evitan que se pierda el balance de sus operaciones, sin embargo, aún los cambios favorables se topan con resistencia si no han sabido convencer a las personas que el cambio es bueno. Adicionalmente, esos nuevos sistemas deben traer consigo cambios substancialmente mejores que la operación actual, mejoras menores, o mejoras acompañadas de retrocesos en algunos aspectos, no superan los costos de cambiar la forma actual de hacer las cosas y tenderán a ser rechazadas.

3.3.- Automatización o rediseño de procesos

Algunas veces, los cambios que provoca un nuevo sistema de información son sencillos, simplemente buscamos una forma de hacer lo mismo que ya se hace, pero más eficientemente. A esto se le llama automatización.

Al automatizar, es posible que se encuentren nuevos cuellos de botella en los procesos o que se descubran otros problemas con los procesos actuales, esto hace necesario una revisión completa a los procesos, eliminando pasos que no agregan valor, y cambiando otros. A esto se le llama Racionalización.

La automatización y racionalización de procesos hace más eficiente lo que se está haciendo. Sin embargo, llega un punto donde la única forma de acelerar aún más un proceso y maximizar el potencial de la tecnología es repensando el

---

Minicaso: Reingeniería en las oficinas del Registro Civil de Nuevo León [Alanís, Kendall y Kendall, 2009]

El proyecto comienza cuando el director del Registro Civil del Estado de Nuevo León solicitó apoyo pues "durante enero y febrero la demanda por actas de nacimiento es tan alta que algunas veces la gente debe esperar en largas filas durante horas para ser atendida". La pregunta inicial era ¿cómo podemos hacer más eficiente el proceso?

El replanteamiento consistió en cambiar el enfoque de ¿cómo emito actas más rápido? a ¿por qué la gente necesita actas de nacimiento en enero y febrero? Al plantear esa pregunta se encontró que las actas eran necesarias para inscribir a los niños en la escuela en el primer grado de educación primaria, pues es un documento requerido por la Secretaría de Educación, y las inscripciones son en febrero de cada año. La Secretaría de Educación solo necesitaba el nombre completo del niño o niña a inscribir y su fecha de nacimiento, pero debería ser un dato exacto, por eso tenía que ser validado por el registro civil.

Como no se sabía exactamente en qué escuela se inscribiría el menor, y como no todas las escuelas contaban con tecnología, la solución consistió en editar un libro con los nombres de los niños nacidos en el estado, que se iban a inscribir en primaria ese año (los nacidos hacía seis años) y enviar copias del libro a todas las escuelas. Las personas ya no requerirían un acta, solo deberían encontrar la información en el libro que ya tenía la escuela.

Ese año, noventa mil personas no tuvieron que acudir a las oficinas del Registro Civil por un acta de nacimiento (un éxito social a todas luces).

---

proceso desde el principio. Esto se conoce como reingeniería de procesos de negocio. El término fue difundido por Michael Hammer [Hammer, 1990] y consiste en cambiar el enfoque a la solución de un problema.

Hammer ilustra la idea de reingeniería con una analogía. Dice que, en lugar de pavimentar los caminos de tierra para poder ir más rápido, es mejor replantear la ruta y buscar mejores formas de obtener los resultados que deseamos. La pregunta no es cómo recorro la ruta más rápido, sino por qué quiero llegar a ese destino. Quizá la respuesta sea que podemos construir un puente que elimine buena parte del camino. Quizá la respuesta nos muestre que una llamada telefónica es suficiente y no sea necesario tener esa ruta.

La idea principal de la identificación de proyectos valiosos para la empresa es cambiar la pregunta. Reenfocar el esfuerzo de ¿cómo hago esto más rápido?, a ¿por qué hago esto?, o ¿podría hacer otra cosa? No todos los proyectos requieren una reingeniería. Estas son más riesgosas, requieren más tiempo, enfrentan mayor resistencia al cambio y son más complicadas que un proyecto de automatización, pero en ciertos casos, el repensar los procesos puede ser la única solución a un problema en una organización.

3.4.- El ciclo de vida de desarrollo de sistemas

Algunos retos de analítica de datos se pueden resolver con una hoja de cálculo usando Excel y un par de gráficos. Otros proyectos involucran fuentes de datos dispersas, en diferentes formatos, requiriendo grandes esfuerzos de limpieza de datos, un procesamiento complejo, o afectando usuarios en diferentes áreas de la organización. Si cualquiera de las condiciones del segundo tipo de sistema se cumple, sería muy complicado el tratar de manejar el proyecto sin tomar notas y confiando solo en la memoria para atender todos los detalles. Es necesario seguir una metodología probada.

Cuando un proyecto es muy complejo, la mejor forma de atacarlo es dividiéndolo en partes y atacar cada parte por separado. Si los componentes resultan complejos, estos a su vez se pueden ir dividiendo, hasta terminar con módulos suficientemente sencillos o entendibles como para poderlos implementar. Al finalizar las partes, habría que trabajar en integrarlas para formar la solución final.

En el caso de sistemas de información, de inteligencia de negocios, o sistemas de analítica, la metodología más probada para crear y poner en marcha (implementar) un sistema de información se conoce como el **ciclo de vida de desarrollo de sistemas** o Software Development Lice Cycle (SDLC por sus siglas en inglés). La figura 3.1 ilustra los pasos del proceso [Kendall & Kendall, 2005; Laudon & Laudon, 2019].

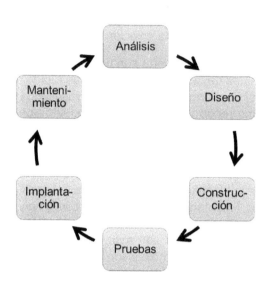

Figura 3.1.– Fases del ciclo de vida de desarrollo de sistemas (SDLC)

La metodología consiste en dividir el problema en fases y atacar cada fase en secuencia. El resultado de la primera fase alimenta la segunda, y así sucesivamente, por eso se conoce como metodología de cascada. Las fases del ciclo de vida de desarrollo de sistemas son las siguientes:

Análisis: define qué se va a hacer

Diseño: responde a la pregunta de cómo va a operar el sistema

Construcción: asegura que se compre, rente o fabrique el software especificado en las dos fases anteriores

Pruebas: asegura que el sistema en su totalidad (personas, hardware y software) funcionen bien en conjunto y con las cargas de trabajo esperadas.

Implantación: pone el nuevo sistema a operar en la empresa y administra el cambio, de la antigua forma de hacer las cosas a la nueva.

Mantenimiento: Se asegura que el sistema se mantenga funcionando y de las respuestas correctas; corrigiendo los errores que se encuentren, pero también reaccionando ante cambios en los requerimientos.

A continuación, se desglosa cada una de las fases identificadas.

3.5.- La fase de análisis

En esta fase se define qué es lo que se quiere que haga el nuevo sistema. Aquí lo importante no es cómo se va a realizar esa función (eso es la siguiente fase) solo se define qué información se necesita, quién la requiere y qué se va a hacer con ella.

Algunas veces el análisis puede llevar a concluir que la solución no es simplemente automatizar los procesos actuales, sino que se requiere rediseñarlos completamente. Incluso, luego de analizar lo que se hace, se puede llegar a la conclusión que la información que se maneja no es la mejor. De cualquier forma, de esta fase surge el diseño del "qué debe hacer el sistema de información".

Durante esta fase se identifica el problema que se busca resolver o la decisión que se quiere apoyar. Esto requiere identificar a los usuarios del sistema que van a recibir la información. También es importante identificar las fuentes de los datos que se van a requerir para el proceso, de dónde vienen, quién y cómo se producen, qué formato tienen, y qué preproceso requieren.

Determinación de requerimientos

La etapa de descubrimiento, donde el analista busca definir lo que el sistema debe hacer se llama determinación de requerimientos. En esta fase se entrevista a los usuarios involucrados. Muchas veces la mejor estrategia no es preguntar qué información quiere el usuario (es importante recordar que existe un punto de sobrecarga de información). Lo recomendable es preguntar qué hace el usuario para definir qué información necesita para completar con éxito sus tereas.

Análisis de procesos

Una forma de analizar lo que hace el usuario es mapear los procesos. Hay herramientas como el Business Procesos Management Notation (BPMN por sus siglas en inglés) que permiten, con símbolos sencillos, describir gráficamente la forma en la que opera un proceso. Estos mapas se conocen como "AS IS" pues representan la operación tal y como funciona actualmente. Los mapas pueden ser presentados al usuario para validación y para definir los requerimientos de información.

Una vez definidas las funciones que debe tener el nuevo sistema, estas se documentan y se utilizan en la fase de diseño.

3.6.- La fase de diseño

Durante el diseño de un sistema de información el foco se centra en responder a la pregunta: "¿cómo va a funcionar el sistema?". Ya sabiendo qué hacer (de la fase anterior) en esta etapa se decide quién produce la información, cómo se procesa, qué productos se generan y el flujo de datos del proceso.

Partiendo de los modelos de la operación actual (AS IS), en esta fase se modela el diseño de cómo deberá operar la organización ya con el nuevo sistema en operación (TO BE).

En esta fase se definen los componentes y la forma en que van a interactuar entre ellos. La documentación del diseño debe ser suficientemente detallada como para que, en la siguiente fase, se pueda construir el sistema sin problema.

3.7.- La etapa de construcción

En esta fase de adquiere o programa el software necesario para que el sistema funcione como está diseñado. Lo primero que se hace en esta etapa es ver si ya hay un programa que funcione (o se pueda ajustar) a nuestras necesidades, si lo hay, se compra o renta; si no existe, habría que desarrollarlo.

En algunos casos, con un buen diseño, es posible enviar las especificaciones a fábricas de software, donde programadores desarrollan las aplicaciones solicitadas. Las Fábricas pueden estar en cualquier parte del mundo y, generalmente, se colocan en lugares donde hay personal capacitado disponible y dispuesto a trabajar por un sueldo menor. Esta práctica se conoce como outsourcing.

El software debe estar funcionando sin errores antes de pasar a la siguiente etapa.

3.8.- La etapa de pruebas

Incluso si el software funciona, hay que probar el sistema completo, es decir, operar el proceso desde el punto donde se origina la información hasta donde se generan los resultados. Hay que asegurar que todos los componentes (humanos y mecánicos) funcionan correctamente y pueden interactuar juntos sin problema.

Es importante también hacer pruebas con cargas normales de trabajo. Algunas veces el software funciona muy bien con una o dos transacciones, pero si en la vida real tendría que procesar cientos o miles de transacciones, es importante asegurar que el sistema no fallará durante la operación.

3.9.- La etapa de Implantación

La fase siguiente consiste en poner a funcionar el sistema diseñado. Normalmente existe una forma de hacer las cosas y cierta información que se genera. Un nuevo sistema representa un cambio. En esta fase, es importante capacitar al personal que va a utilizar el nuevo sistema y planear la forma en la que se realizará el cambio del sistema anterior al nuevo.

Hay tres formas principales de hacer la transición: se puede hacer de un solo golpe (un día se apaga el sistema anterior y se prende el nuevo) esta opción es económica pues requiere poco gasto en la transición, pero muy arriesgada. Si el nuevo sistema no funciona o presenta problemas esto representaría un desastre.

La segunda forma es correr los dos sistemas, el viejo y el nuevo, en paralelo por un tiempo. Esta opción es segura pues solo se apaga el sistema anterior si el nuevo demuestra que funciona. Pero es muy cara ya que requiere el doble de trabajo por un tiempo.

La tercera alternativa es una implantación por etapas. Si el sistema se puede separar en partes, es posible implementar un módulo en un departamento y luego seguir con los demás. Ya con el primer módulo en su lugar se puede instalar el siguiente, y así sucesivamente hasta completar la instalación del sistema completo.

3.10.- La fase de mantenimiento

Una computadora se puede descomponer, un disco se puede dañar, eso requiere mantenimiento. Pero ¿qué significa dar mantenimiento a un proceso o al software? Los programas siempre hacen lo mismo, normalmente no se modifican solos. Mantenimiento de software y procesos implica dos actividades: corregir cualquier error que no se haya detectado en la fase de pruebas; y asegurarse que el sistema cumpla con brindar la información relevante, completa y oportuna. Es decir, que la información siga siendo útil para tomar decisiones.

El problema es que las decisiones que apoya un sistema normalmente ocurren en el mundo real, y este cambia, así que lo que era información útil ayer, hoy puede no serlo tanto. El sistema se debe modificar para que siga proporcionando la información que se necesita dadas las cambiantes condiciones del ambiente donde existen las decisiones que apoya. Otro tipo de cambio es cuando las condiciones del proceso cambian, como cuando aparece un impuesto nuevo, o cambia una tasa de interés.

Eventualmente, las condiciones cambian demasiado, o surgen nuevas oportunidades, lo que provoca un requerimiento por un nuevo sistema de información. Esto reinicia el ciclo.

3.11.- Factores críticos de éxito para un desarrollo en cascada

Para que un sistema se considere exitoso es importante que funcione bien, pero más importante es que sea utilizado correctamente por las personas y para las funciones para las que fue diseñado.

Construir un nuevo sistema de información es un proceso que requiere mucho esfuerzo y la participación de personal de diferentes áreas. Si se planea construir un sistema para apoyar al proceso de ventas, es importante que personal de ventas participe en el análisis y diseño de la solución. Esto requiere sacar a algunos vendedores de su trabajo en ventas para que apoyen el diseño de un nuevo sistema.

Si el jefe de ventas no tiene interés en el proyecto y asigna a sus peores vendedores a la tarea, el sistema resultante podría no ser muy bueno. Es necesario el acceso al mejor vendedor, lo que probablemente implique distraerlo de su trabajo por un tiempo, para que, con sus ideas, se diseñe un buen nuevo sistema.

Esto le va a costar a la empresa, por lo tanto, es importante el apoyo de las áreas que serían las usuarias del sistema. Ellos a su vez, van a necesitar el apoyo de la alta dirección, para aceptar una baja en ventas (que podría resultar si se saca al mejor vencedor de su trabajo por un tiempo para que ayude con el nuevo sistema).

Sin apoyo de la alta dirección de la empresa, un nuevo sistema no se podría construir. Sin el interés y participación de las áreas usuarias, se corre el riesgo que el nuevo sistema no aporte las soluciones necesarias o que los usuarios vean este nuevo sistema como una imposición y no le busquen utilidad ni aplicación.

Desde los primeros proyectos de desarrollo de software, estaba claro que estos proyectos tenían reglas especiales [Brooks, 1975].

Entre los factores que han demostrado ser importantes para el éxito de un desarrollo de sistemas se encuentran:

- Apoyo de la alta dirección
- Involucramiento del usuario
- Profesionalismo del personal de desarrollo
- El presupuesto y tiempo adecuados
- Claridad en objetivos
- Administración de riesgos y
- Aplicación de mejores prácticas en el desarrollo

3.12.- El modelo CMM y CMMI

Existen varios estándares y metodologías para administrar las áreas que se especializan en el análisis y diseño de sistemas e ingeniería de software. Una de las más utilizadas es CMM (Capability Maturity Model) y una extensión CMMI (Capability Maturity Model Integration) [Humphrey, 1988].

CMMI es un marco de referencia enfocado a mejorar los procesos de las organizaciones que desarrollan software. El modelo proporciona una visión estructurada para la definición, administración y mejora continua de procesos de desarrollo de sistemas, obteniendo mejores resultados con menores riesgos.

CMMI consiste en las mejores prácticas que abordan las actividades de desarrollo aplicadas a productos y servicios. Aborda las prácticas que cubren el ciclo de vida del producto desde la concepción hasta la entrega y el mantenimiento. Organizaciones de muchas industrias, incluidas la aeroespacial, la banca, fabricantes de hardware, software, defensa, fabricación de automóviles y telecomunicaciones, utilizan CMMI [Chaudhari, 2016].

Figura 3.2.- Niveles de maduración de CMMI

El modelo CMMI proporciona numerosas guías para evaluar la madurez de una organización y las mejoras necesarias en varias áreas de proceso para pasar de un nivel al siguiente. [Gefen y Zviran, 2006; Lankhorst, 2009]. Existen cinco niveles de madurez, como lo muestra la figura 3.2. El detalle de cada nivel se describe en la figura 3.3.

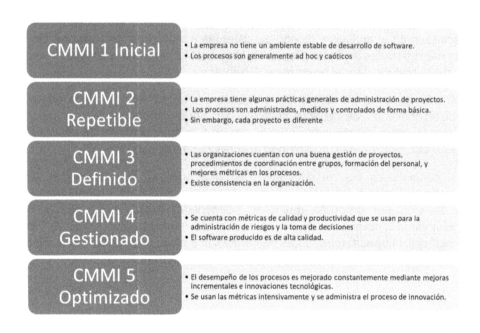

CMMI 1 Inicial	• La empresa no tiene un ambiente estable de desarrollo de software. • Los procesos son generalmente ad hoc y caóticos
CMMI 2 Repetible	• La empresa tiene algunas prácticas generales de administración de proyectos. • Los procesos son administrados, medidos y controlados de forma básica. • Sin embargo, cada proyecto es diferente
CMMI 3 Definido	• Las organizaciones cuentan con una buena gestión de proyectos, procedimientos de coordinación entre grupos, formación del personal, y mejores métricas en los procesos. • Existe consistencia en la organización.
CMMI 4 Gestionado	• Se cuenta con métricas de calidad y productividad que se usan para la administración de riesgos y la toma de decisiones • El software producido es de alta calidad.
CMMI 5 Optimizado	• El desempeño de los procesos es mejorado constantemente mediante mejoras incrementales e innovaciones tecnológicas. • Se usan las métricas intensivamente y se administra el proceso de innovación.

Figura 3.3.- Detalle de los diferentes niveles de madurez de CMMI

3.13.- Resumen

- Crear nuevos sistemas de analítica es un proceso complejo porque el desarrollo de software requiere perfección, involucra muchos componentes, involucra muchas personas, y produce cambios en la organización que pueden provocar resistencia al cambio.
- Un nuevo sistema puede hacer más eficientes los procesos actuales (automatizar), mejorarlos (racionalización) o repensarlos desarrollando nuevas alternativas (reingeniería).
- Una técnica para desarrollar sistemas complejos es el ciclo de vida de desarrollo de sistemas o Software Development Lice Cycle (SDLC por sus siglas en inglés).
- Las fases del ciclo de vida de desarrollo de sistemas son: análisis, diseño, construcción, pruebas, implementación, y mantenimiento
- Entre los factores críticos de éxito de un proyecto de SDLC están el apoyo de la alta dirección y la participación de los usuarios
- El marco de referencia CMMI proporciona una visión estructurada para la definición, administración y mejora continua de procesos de desarrollo de sistemas, obteniendo mejores resultados con menores riesgos.

3.14.- Ejercicios de repaso

Preguntas

1. ¿Cuáles son los retos más relevantes en el desarrollo de nuevos sistemas de analítica?
2. ¿Cuál es la diferencia entre automatización, racionalización y rediseño de procesos de negocio?
3. ¿Qué es el ciclo de vida de desarrollo de sistemas?
4. ¿Cuáles son los pasos del ciclo de vida de desarrollo de sistemas?
5. ¿En qué fase del ciclo de vida se responde a la pregunta de qué es lo que va a hacer el nuevo sistema?
6. ¿Cuál es el producto de la fase de diseño de un sistema?
7. ¿Qué es lo que se prueba durante la etapa de pruebas de un sistema?
8. ¿Cuáles son las tres formas de implantar un sistema y qué ventajas y desventajas trae cada una?
9. ¿Por qué es importante darle mantenimiento a un sistema?
10. ¿Por qué es importante contar con el apoyo de la alta administración al realizar un proyecto de tecnología de información?
11. ¿En qué consiste el modelo CMMI?

Ejercicios

1. Entrevista al encargado de tecnología en una empresa, pide que recuerde un proyecto exitoso y pregunta si alguno de los factores críticos mencionados en este capítulo ocurrió.
2. Entrevista al encargado de tecnología en una empresa, pregúntale si recuerda un proyecto que haya fallado y pregunta a qué se le puede atribuir la falla.
3. Describe un proyecto de reingeniería de procesos de negocio
4. Describe un proyecto de automatización
5. Menciona alguna empresa de desarrollo de software que indique que está certificada en CMM o CMMI y menciona qué nivel de certificación tienen.

Capítulo 4

Metodologías Ágiles

"Nuestra máxima prioridad es satisfacer al cliente mediante la entrega temprana y continua de software valioso."

Principio de agilidad 1, Agile Manifesto, 2001 [Beck, et al., 2001].

4.1.- Objetivos de aprendizaje

- Entender por qué las metodologías de cascada no funcionan bien con todos los proyectos.
- Identificar los proyectos donde el método de cascada funciona mejor.
- Conocer cómo funciona el desarrollo por prototipos.
- Entender la utilidad y riesgos del desarrollo por usuarios finales.
- Saber qué son y en qué consisten las metodologías ágiles.
- Saber cómo funciona la metodología Scrum.
- Entender la utilidad de la metodología Kanban.
- Conocer en qué consiste la programación extrema.
- Conocer las características de lean development.
- Saber en qué consiste la metodología Crytal.

4.2.- No todos los proyectos se ajustan al método de cascada

Algunos proyectos de desarrollo de software son muy grandes, involucran muchas personas, o muchas variables. En esos casos la única forma sensible de atacarlos es usando una metodología estructurada o un modelo de cascada. El cerebro humano no podría tener control de tantos detalles y algo seguramente se pasaría por alto si se quisiera manejar todo de memoria.

Por otra parte, si el usuario necesita un análisis de las ventas de un fin de semana espacial en una gráfica usando Excel, quizá el método de cascada requeriría más trabajo documentando y comunicando a todos los equipos lo que deben hacer, que lo que tomaría simplemente el hacer la gráfica. Las metodologías de cascada funcionan bien para proyectos grandes, pero para proyectos pequeños implican demasiada sobrecarga de trabajo.

Otra desventaja del método de cascada es que requiere mucho tiempo. Normalmente un gran sistema, usando esta metodología, tomaría meses en ser desarrollado. En el ambiente de toma de decisiones, algunas decisiones que requieren soporte llegan de improvisto y se deben tomar en un lapso corto de tiempo. Esto haría inviable el seguir una metodología de cascada. El usuario no puede esperar meses a que la gente de desarrollo complete un sistema completo. Para entonces ya la decisión estaría obsoleta.

Una tercera razón por la que el método de cascada podría no ser muy conveniente es porque requiere que se defina lo que va a hacer el sistema por adelantado. El usuario debe definir sus requerimientos para un software que aún no existe y algunas veces las necesidades aún no son claras. Existen problemáticas tan únicas, que es difícil conocer por adelantado lo que se necesita para resolverlas.

El método de cascada no funciona muy bien en las siguientes condiciones:

- Proyectos muy cortos
- Donde no se conocen las especificaciones por adelantado
- En ambientes que cambian mucho
- Proyectos con poca vida útil

Minicaso – Tenemos que tomar una decisión

En una reunión de directores de una cadena de supermercados, estaban haciendo una lluvia de ideas para ver cómo mejorar la venta de especias. Esos sobres con hierbas y olores raros que uno compra para una receta especial y que se quedan guardados en la alacena por años. La pregunta era si podían hacer sobres suficientemente pequeños como para usarse una sola vez y no tener que guardar el resto.

Había dos grupos de opiniones: unos decían que se debían hacer sobres de un mismo precio, otros que se debían hacer sobres de un mismo peso.

Como cada especia tiene un precio diferente, era necesario calcular el tamaño de cada bolsa en diferentes precios, y el precio de cada bolsa en diferentes tamaños.

Invitaron a uno de los analistas de datos a la reunión y le explicaron el problema, pidiéndole un reporte con posibles soluciones. ¿Qué proceso debe seguir el analista para preparar el reporte solicitado?

4.3.- El desarrollo por prototipos

Cuando usar metodologías de cascada resulta imposible, existen metodologías alternas que pueden ayudar a resolver esos problemas. Si el usuario no puede especificar sus necesidades por adelantado, quizá lo mejor sea mostrarle varias versiones de soluciones funcionales y ver qué resultados le sirven mejor.

Por ejemplo, cuando una persona quiere comprar un traje, difícilmente irá a una tienda con la lista de especificaciones de lo que quiere. El método más común es que vea lo que hay en la tienda y se prueba algunos modelos hasta que encuentre lo que está buscando. Con software puede ocurrir un fenómeno parecido. Si es difícil que un usuario sepa exactamente lo que necesita, quizá deba probar diferentes modelos hasta encontrar lo que busca.

La técnica para usar en estos casos se llama diseño por prototipos. El diseño por prototipos consiste en construir de forma rápida y económica un sistema experimental que se puede usar para evaluar la funcionalidad requerida [Laudon & Laudon, 2019]. No tiene que ser un sistema funcional, pueden ser solo una serie de imágenes de lo que se vería en la pantalla para que el usuario pueda sentir la funcionalidad propuesta.

El proceso es iterativo. Se diseña el primer prototipo, se prueba, se hacen correcciones y se vuelve a presentar. El proceso se repite hasta encontrar una versión aceptable.

Una vez concluido el proceso, si se desarrolló un sistema funcional, se puede estabilizar, documentarlo y entregar al usuario final. La otra alternativa es usar el prototipo como las especificaciones del sistema deseado, que luego se procede a construir, probar e implementar.

4.4.- Desarrollo por usuarios finales

Algunos tipos de sistemas se pueden construir directamente por los usuarios finales usando macros en Excel o diseñando paneles de control en Tableau, por ejemplo. La ventaja es que, al involucrarse el usuario final, estos sistemas tienen más fácil aceptación. El problema estriba en que, al no ser construidos con los procesos formales, es común que los sistemas diseñados por un usuario final puedan tener fallas, no puedan procesar grandes volúmenes de información, o sean útiles solamente para una persona o una decisión en particular.

Es común que los sistemas diseñados por usuarios finales no tengan planes de contingencia en caso de que se pierdan los datos. Los sistemas también podrían ser vulnerables a ataques informáticos o fugas de información. Si la empresa va a depender de decisiones que se tomen en base a sistemas diseñados por estos métodos, es conveniente trabajar en usar esos sistemas como prototipos en los que se base la construcción de un sistema formal.

Un compromiso aceptable es establecer ciertos estándares de hardware, software o datos para todos los sistemas desarrollados por usuarios finales que se vayan a utilizar en la organización. Es importante combinar esto con concientización en los procesos de seguridad de la información y prevención de riesgos.

4.5.- Otras metodologías ágiles y el manifestó ágil

Aunque las metodologías de diseño por prototipos se han utilizado por mucho tiempo [Carey & Mason, 1983], las metodologías ágiles se popularizaron a partir del año 2001 cuando un grupo de desarrolladores, que estaban cansados de lo que llamaban metodologías pesadas (los modelos de cascada y las metodologías estructuradas), publicaron el manifiesto ágil (The Agile Manifesto) [Beck, et al., 2001].

El argumento era que, en lugar de tratar de satisfacer las necesidades del cliente construyendo productos completos, se buscara la entrega paso por paso, y la mejora continua, entregando software con cada vez mayor valor agregado.

El manifestó ágil valora [Beck, et al., 2001].:

- Individuos e interacciones, sobre procesos y herramientas.
- Software funcionando, sobre documentación completa.
- Colaboración con el cliente, sobre negociación de contratos.
- Respuesta al cambio, sobre seguir estrictamente un plan.

Existen varias metodologías que se ajustan al modelo ágil. Las más populares son [Espirito Santo, 2022; Wulandari & Raharjo, 2023]:

- Scrum
- Kanban
- Extreme Programming
- Lean Development
- Crysta

Las siguientes secciones describen y discuten los datos generales de estas metodologías.

4.6.- Scrum

Scrum es una metodología ágil que consiste en equipos formados por tres tipos de participantes:

- un dueño del producto (producto owner): que representa a los usuarios y busca maximizar el producto del equipo
- un maestro scrum (scrum master): que dirige al equipo y facilita la comunicación
- y varios desarrolladores (developers): que construyen el producto

Los equipos dividen el trabajo en objetivos que se completarán en iteraciones con plazos definidos (de no más de un mes), llamadas sprints. El equipo Scrum evalúa el progreso en reuniones diarias (daily scrum). Al final del sprint, el equipo realiza una reunión para revisar el trabajo con las partes involucradas y otra reunión para revisar los logros y oportunidades del sprint [Hoory & Bottof, 2024].

Los detalles de cada una de las reuniones y de cada tipo de participante se definen en un documento llamado The Scrum Guide [Schwaber & Sutherland, 2020]. La figura 4.1 muestra los pasos de un proceso Scrum.

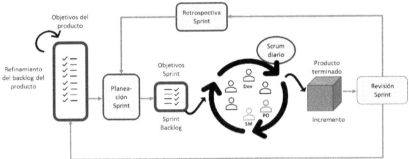

Figura 4.1.- Diagrama del proceso de Scrum. Adaptado de [Scrum.org, 2025]

Entre las ventajas de Scrum se encuentran [Espirito Santo, 2022]:

- Los desarrolladores están motivados para completar sus objetivos de cada sprint.
- Todos los miembros del equipo conocen el estado de avance del proyecto.
- Las prioridades se pueden ajustar para que los sprints que no se hayan completado reciban más atención.
- Al planear los sprints, los miembros del equipo entienden la razón de ser y la importancia de cada módulo.

Algunas desventajas son:

- Dada la segmentación del problema, es posible que el equipo se concentre en las partes y no en el todo
- No queda claro el papel que debe jugar dcada desarrollador en el equipo.

4.7.- Kanban

Kanban es una metodología que consiste en un método visual en espacios de desarrollo de software, donde todo se muestra en un tablero. Este tablero, conocido como tablero Kanban, muestra todas las tareas del producto a desarrollar, los recursos requeridos y adquiridos por los equipos, y las tareas completadas y pendientes de cada miembro. Esto permite al equipo identificar quiénes tienen deficiencias y cómo ayudarlos y motivarlos [Hamdulay, 2023]. La metodología no es exclusiva de desarrollo de software, y se ha utilizado por áreas de producción, RH, ventas, etc. Para organizar las actividades de equipos de trabajo.

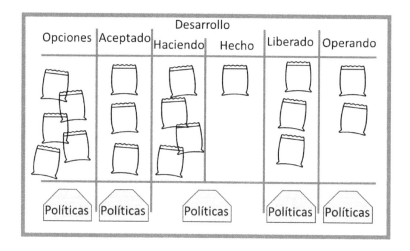

Figura 4.2.- Modelo de un tablero Kanban. Basado en [Spafford, et al.,

2025]

Cada tablero Kanban es diferente y se construye según las necesidades del proyecto. Sin embargo, Los componentes básicos de un tablero son: las columnas que muestran los estados del proceso (1), el punto de compromiso (2), los límites del trabajo en proceso (3), el punto de entrega (4), una serie de tarjetas de actividades (4), y una serie de políticas (5), como lo muestra la figura 4.3.

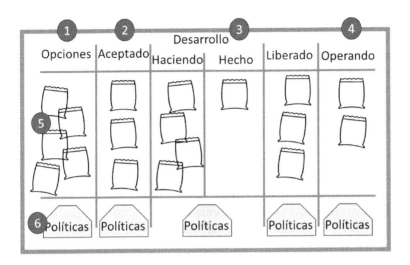

Figura 4.3.- Componentes de un tablero Kanban. Basado en [Spafford, 2025]

Un ejemplo de Kanban se puede aplicar en la cocina de un restaurante. Al llegar nuevas órdenes estas se colocan en tarjetas en la columna de entradas. Cuando el chef está listo para preparar el platillo, la tarjeta pasa a la columna de en preparación. Una vez listo el plato, la tarjeta se mueve a la columna de terminado, que es donde el mesero puede ver que puede tomar el plato y entregarlo, pasando la tarjeta a producto entregado.

Entre las mejores prácticas al usar Kanban se encuentran [Martins, 2025]:

1. Visualizar el trabajo (con el tablero Kanban)
2. Limitar trabajo en proceso (con un máximo de tarjetas en la columna correspondiente)
3. Administrar el flujo de trabajo
4. Hacer explícitas las políticas de procesos (qué cambia de estado, cómo son las entregas, etc.)
5. Implementar ciclos de retroalimentación (con clientes y con el equipo)
6. Usar métricas para la mejora continua (si no se mide, no se mejora)
7. Mejore con la colaboración y explore con la experimentación

Entre las ventajas de Kanban se encuentran [Espirito Santo, 2022]:

- Es útil en otras disciplinas, no solo TI
- Permite visualizar todas las actividades de un proyecto
- Permite entregas continuas de resultados
- Permite controlar el número de tareas en ejecución

Entre las desventajas se encuentran:

- No hay un elemento de tiempo, por lo que las tareas se pueden retrasar

4.8.- Extreme programming (programación extrema)

Extreme programming es una metodología ágil que busca velocidad y simplicidad aprovechando períodos cortos de desarrollo. La idea es introducir puntos de control y responder mejor a cambios en los requerimientos del cliente. La técnica se basa en cinco valores, cinco reglas y 12 prácticas para la programación [Reaburn, 2025].

Los valores de la programación extrema son: Simplicidad (buscar la solución más pequeña u sencilla que resuelva el problema), Comunicación (dentro del equipo de trabajo), retroalimentación (contacto constante con el cliente), Valor (ser honesto con los reportes de avance, aunque no sean buenos), y Respeto (entre el cliente y el equipo, y dentro del equipo de desarrollo).

Las cinco reglas son recomendaciones prácticas de cómo se hace el trabajo. Estas incluyen:

- Planeación
  - Definir si el proyecto funciona con programación extrema
  - Partir el proyecto en iteraciones
  - Definir fechas de entrega realistas
  - Usar herramientas de administración de proyectos para medir avance

- Administración
  - Se sugiere un espacio abierto de trabajo donde se fomente la colaboración
  - Reuniones cortas diarias de avance

- Diseño
  - Empezar con el diseño más sencillo, iteraciones posteriores pueden agregar complejidad si se requiere

- Programación
    - Apegarse a estándares de programación
    - Hacer pruebas de unidades
    - Programar en pares (grupos de dos programadores)
    - La propiedad del código es común, pero solo un par puede hacer modificaciones a la vez

- Pruebas
    - Todo el código es probado individualmente y en su conjunto antes de liberarlo
    - El usuario participa para medir si sus requerimientos se están cumpliendo.

Las 12 prácticas se describen en varios documentos e incluyen [Jeffries, 2011; Agile Alliance, 2025]:

- El juego de la planeación
- Pequeños lanzamientos
- Metáforas
- Diseño simple
- Pruebas
- Refactorización
- Programación en parejas
- Propiedad colectiva
- Integración continua
- Semana laboral de 40 horas
- Cliente presencial
- Estándares de programación

Una de las desventajas de esta metodología es que se presta tanta atención a desarrollo que el diseño se pasa por alto y tiene que atenderse más tarde; y que funciona mejor cuando todo el equipo de desarrollo se encuentra en un mismo lugar [Espirito Santo, 2022].

Figura 4.4.- Ciclos de planeación y retroalimentación de programación extrema. Basado en [Espirito Santo, 2022]

4.9.- Lean development

Lean development es una metodología ágil que consiste en la aplicación de los principios de Lean Manufacturing (desarrollado por Toyota) en el desarrollo de software. Se basa en siete principios [Lynn, 2025].

- Eliminar desperdicio
- Construir calidad
- Crear conocimiento
- Aplazar el compromiso
- Entregar con rapidez
- Respetar a las personas
- Optimizar el conjunto

Entre sus ventajas se encuentra el que elimina actividades innecesarias, reduciendo el tiempo de entrega, y sin soluciones muy complejas.

4.10.- Crystal

Crystal es un modelo ágil diseñado para el desarrollo de software. Prioriza a las personas sobre los procesos, para que los equipos encuentren sus propias soluciones para cada proyecto, en lugar de verse limitados por metodologías rígidas [Product Plan, 2025].

Crystal se basa en siete principios. Los primeros tres son obligatorios, mientras que el resto se puede adoptar por los equipos de trabajo si lo consideran necesario. Los principios son [Airfocus, 2025]:

1. Entregas frecuentes (de productos a los usuarios)
2. Mejoras reflectivas (aprender de lo que se ha hecho)
3. Comunicación osmótica (equipos en un mismo sitio de trabajo)
4. Seguridad personal (libertad para discutir ideas en el equipo)
5. Enfoque en trabajo (El equipo debe saber en qué trabajar, con buena comunicación)
6. Acceso a expertos y usuarios (para obtener retroalimentación si se requiriera)
7. Herramientas tecnológicas (probadores automáticos de código, administradores de configuración, etc.)

Entre las ventajas de Crystal está la libertad de los equipos de trabajar como mejor funcionen, menos carga administrativa, y un modelo que cambia conforme los equipos crecen o se reducen. Las desventajas es la falta de planeación estricta y la dificultad de trabajar en equipos remotos.

4.11.- Resumen

- El Hay ocasiones cuando los métodos de cascada no funcionan bien: Proyectos muy cortos, cuando no se conocen las especificaciones por adelantado, cuando el ambiente cambia mucho y en proyectos con poca vida útil
- Cuando usar metodologías de cascada resulta imposible, existen metodologías alternas que pueden ayudar a resolver esos problemas.
- El diseño por prototipos consiste en construir de forma rápida y económica un sistema experimental que se puede usar para evaluar la funcionalidad requerida. El proceso es iterativo. Se diseña el primer prototipo, se prueba, se hacen correcciones y se vuelve a presentar. El proceso se repite hasta encontrar una versión aceptable.
- Algunos tipos de sistemas se pueden construir directamente por los usuarios finales usando macros en Excel o diseñando

paneles de control en Tableau, por ejemplo. La ventaja es que, al involucrarse el usuario final, estos sistemas tienen más fácil aceptación. El problema estriba en que, al no ser construidos con los procesos formales, pueden ser vulnerables a fallas y pueden no ser muy confiables.

- Scrum es una metodología donde los equipos dividen el trabajo en objetivos que se completarán en iteraciones con plazos definidos (de no más de un mes), llamadas sprints. El equipo Scrum evalúa el progreso en reuniones diarias (daily scrum). Al final del sprint, el equipo realiza una reunión para revisar el trabajo con las partes involucradas y otra reunión para revisar los logros y oportunidades del sprint.

- Kanban consiste en un método visual, donde todo se visualiza en un tablero que muestra todas las tareas del producto a desarrollar, los recursos requeridos y adquiridos por los equipos, y las tareas completadas y pendientes de cada miembro.

- Extreme programming es una metodología ágil que busca velocidad y simplicidad aprovechando períodos cortos de desarrollo. La idea es introducir puntos de control y responder mejor a cambios en los requerimientos del cliente.

- Lean development es una metodología ágil que consiste en la aplicación de los principios de Lean Manufacturing (desarrollado por Toyota) en el desarrollo de software.

- Crystal es un modelo ágil diseñado para el desarrollo de software que prioriza a las personas sobre los procesos, para que los equipos encuentren sus propias soluciones para cada proyecto, en lugar de verse limitados por metodologías rígidas.

4.12.- Ejercicios de repaso
Preguntas

1. ¿Cuáles son las desventajas de los modelos en cascada?
2. ¿Qué tipo de productos se adaptan mejor a los modelos ágiles?
3. ¿Qué es el desarrollo por prototipos?
4. ¿Cuándo es conveniente, y cuándo no, el desarrollo por usuarios finales?
5. ¿Qué es el Manifestó Ágil?
6. Menciona algunas metodologías ágiles
7. ¿En qué consiste la metodología Scrum?
8. ¿Qué es un sprint?

9. ¿Qué muestra y para qué sirve un tablero Kanban?
10. ¿Cómo funciona la programación extrema?
11. ¿Cuáles son los principios de lean development?
12. ¿Qué es la metodología Crystal?

Ejercicios

1. Busca un ejemplo de una empresa que utilice modelos ágiles
2. Describe una aplicación que solamente se pueda construir usando metodologías ágiles
3. Busca un ejemplo de un tablero Kanban usado en algún proyecto o empresa real
4. Describe un ejemplo de cómo funcionaría un proyecto que usa el diseño por prototipos
5. Lista tres aplicaciones (que no se hayan mencionado en este libro) que pueden usar los usuarios finales para hacer sus propios desarrollos.

Capítulo 5

Herramientas Gráficas para Planeación y Administración de Proyectos

"Es mejor tener un mal plan que no tener uno."

Gary Kasparov, "How Life Imitates Chess", 2007

5.1.- Objetivos de aprendizaje
- Conocer la diferencia entre un proyecto y operación normal en una empresa.
- Entender por qué son necesarias las herramientas de administración de proyectos.
- Ser capaz de preparar gráficas de Gantt.
- Poder interpretar gráficas de Gantt.
- Reconocer las ventajas y desventajas de las gráficas de Gantt.
- Ser capaz de preparar diagramas PERT.
- Poder interpretar un diagrama de PERT.
- Calcular y utilizar una ruta crítica en un diagrama de PERT.

5.2.- Herramientas para la administración de proyectos
Es común hablar de grandes proyectos de la historia. Las pirámides de Egipto, el Coliseo Romano, las grandes batallas de Napoleón, la conquista de la Nueva España. Sabemos que en cada gran proyecto hay uno o más coordinadores, encargados de la planeación y ejecución de estos y, aunque no conocemos el detalle de las herramientas de administración que se usaron en los grandes proyectos históricos, ha habido suficiente experiencia como para saber que hay ciertas actividades, herramientas y funciones, que promueven un proyecto exitoso.

El primer punto importante es definir lo que constituye un proyecto. Un proyecto es una serie de actividades orientados a alcanzar una meta. Todo proyecto tiene un punto de inicio y un final. Si las actividades no tienen un punto de terminación, entonces ya no hablamos de un proyecto sino de un trabajo y en esos casos se aplican principios administrativos diferentes.

Si un proyecto resulta muy grande para poderlo administrar bien, lo conveniente es dividirlo en actividades, o subproyectos. Estos a su vez se pueden partir en actividades más específicas, hasta llegar a un punto donde cada actividad sea manejable. El trabajo de un administrador de proyectos es asegurarse que cada actividad cuente con los recursos necesarios y se complete a tiempo para entregar el proyecto terminado en la fecha acordada.

La construcción de un sistema informático, y de igual forma un proyecto de analítica o de inteligencia de negocios, es en sí mismo un proyecto y se debe administrar como tal. No es una actividad que se espera tenga duración indefinida, y no es una actividad normal que ocurra en la organización. Seguramente el producto del esfuerzo (el sistema informático) será necesario para la operación de la empresa, pero la creación de dicho sistema es una actividad para la que la organización normalmente no tiene recursos y queda fuera de su alcance.

El punto de inicio generalmente es cuando se decide que se necesita el sistema. El punto de terminación es cuando dicho sistema, ya funcionando, se entrega al usuario final y este lo puede operar sin problemas, sin requerir la intervención de los especialistas en tecnología que lo crearon.

Durante la construcción del sistema, es necesario realizar diversas actividades, algunas de estas requieren habilidades técnicas muy específicas y es necesario asegurar la disponibilidad de especialistas en áreas como análisis de sistemas, programación, capacitación de usuarios, instalaciones eléctricas, según se requiera en el proyecto.

Adicionalmente a los especialistas, también es necesario asegurar algunos recursos para la operación final del proyecto, como el hardware, las instalaciones eléctricas, e incluso el acceso a los datos. También podría ser necesario asegurar recursos para la ejecución del proyecto, como serían oficinas y escritorios para los especialistas, espacios para almacenar los archivos del proyecto, áreas para capacitar a los usuarios finales, además de pases de entrada, seguros de accidentes y otros insumos que se puedan requerir durante el análisis y desarrollo de la solución.

El trabajo de coordinar y asegurar los diferentes recursos necesarios para el proyecto recae en un administrador del proyecto. Este puesto puede ser oficial o informal, pero alguien es responsable de asegurar que los recursos necesarios lleguen a tiempo, que todo funcione, y que las fechas pactadas se cumplan.

Las dos herramientas más utilizadas para ayudar a un líder a manejar las complejidades de un proyecto son las gráficas de Gantt y los diagramas PERT. Las Gráficas de Gantt listan las actividades de un proyecto y sus fechas esperadas de inicio y terminación en una gráfica de barras horizontal. Esa herramienta puede representar de forma gráfica los tiempos de cada actividad y los recursos necesarios en cada etapa.

Los diagramas PERT (por sus siglas en inglés de Program Evaluation and Review Technique) muestra actividades y sus dependencias, ayudando a identificar áreas de oportunidad y actividades a las que se debe prestar particular atención pues si se retrasaran un tiempo, causarían un retraso en la fecha de entrega final del proyecto.

5.3.- Gráficas de Gantt

La herramienta más conocida para administrar proyectos es la gráfica de Gantt. Esta representa una forma muy visual de analizar las etapas de un proyecto y ver su estado. La gráfica consiste en un modelo bidimensional donde el eje horizontal representa el tiempo y en el eje vertical se listan los nombres de las actividades que componen el proyecto. Cada actividad se representa como una barra horizontal, su punto de inicio coincide con la fecha de arranque de esa actividad y su longitud concuerda con su duración, por lo que su punto final marca la fecha esperada de terminación.

Algunas veces, para realizar una actividad es necesario que otra haya concluido, por ejemplo, al construir una casa, no se pueden colocar los techos si no se han colocado con anterioridad las paredes. Otras actividades pueden ser independientes y no requerir de ninguna actividad anterior para su ejecución, como sería el inicio del proyecto, o, siguiendo la analogía de la construcción, cuando se limpia el terreno para iniciar la construcción. La tabla 5.1 muestra una lista de actividades, la actividad de la que dependen (que tiene que terminar antes que ella) y la duración esperada.

Tabla 5.1.– Ejemplo de las actividades de un proyecto con sus dependencias y duración

Nombre de la actividad	Requiere de	Duración
A	Nada	2
B	A	3
C	B	2
D	C	1
E	B	1
F	E	3
G	Nada	3
H	G	3
I	H	1

El primer paso en la construcción de una gráfica de Gantt consiste en crear el patrón para la gráfica, listando las actividades en una columna y colocando una cuadrícula a su derecha representando la duración del proyecto. Dependiendo de la escala del proyecto, cada columna puede representar horas, días o meses de tiempo.

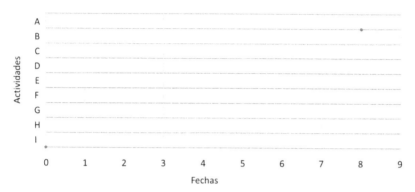

Figura 5.1.- Dibujando la cuadrícula en una gráfica de Gantt

Los primeros procesos que se grafican son aquellos que no tengan requerimientos. Esto se hace colocando una barra con una longitud equivalente al tiempo de duración de la actividad e iniciando en la columna cero. Esto se hace pues si algo no necesita nada para iniciar, debemos ver qué pasaría si inicia lo más pronto posible.

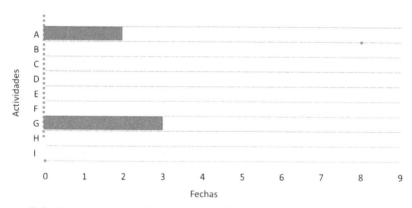

Figura 5.2.- Los procesos sin dependencias se dibujan iniciando en el punto cero

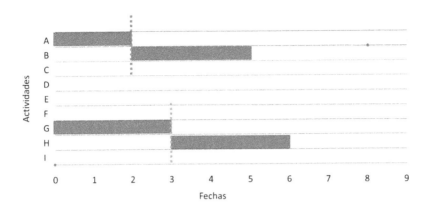

Figura 5.3.- un proceso que depende de otro se dibuja al terminar el proceso que lo antecede

Una vez colocado el primer proceso, se procede a dibujar la barra de los procesos que dependan de este, iniciando en la columna donde terminó el proceso requerido. En caso de que un proceso dependa de la terminación de dos o más procesos anteriores, su barra se dibujará a partir del punto donde el último de los procesos precedentes haya terminado (todos los requisitos deben estar completos antes de iniciar el proceso que depende de ellos). Por ejemplo, para poder pintar una casa, es necesario que el edificio ya esté cerrado, por lo que requeriría haber terminado ya de colocar el techo, pero también deben ya estar instaladas las puertas y ventanas.

Figura 5.4.- Si un proceso depende de dos procesos, el punto de inicio es el punto final del proceso que termine más tarde.

Si dos actividades diferentes requieren la terminación de la misma actividad anterior, las columnas de ambas actividades iniciarían en el punto donde su requisito termina.

Figura 5.5.- Dos actividades que dependen del mismo prerrequisito, se dibujan iniciando al mismo tiempo

El proceso continúa hasta haber colocado en la gráfica las barras de todas las actividades del proyecto. La figura 5.6 muestra la gráfica de Gantt completa, utilizando los datos de la tabla 5.1.

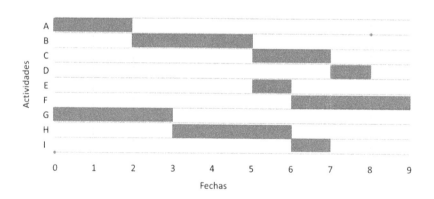

Figura 5.6.- Ejemplo de una gráfica de Gantt completa

Minicaso: Una herramienta de otro siglo

En 1896, un ingeniero polaco, que administraba una acerería al sur de Polinia comenzó a interesarse en ideas y técnicas para administrar proyectos que permitían visualizar actividades y tiempos. Sus ideas fueron publicadas en 1931 en polaco y ruso, dos idiomas poco conocidos en occidente. Para ese momento, un método similar ya había sido publicado y popularizado por Henry Gantt en 1910 y 1915. Hoy en día, este tipo de diagramas se conoce como gráficas de Gantt. Originalmente las gráficas se utilizaban para identificar los niveles de productividad de los empleados y ver quién era más, o menos, productivo. La moraleja de la historia: no es suficiente con inventar algo, también es importante darlo a conocer. [Gantt.com, 2025]

5.4.- Interpretando gráficas de Gantt

Lo que se puede interpretar de la figura 5.6 es que hay 9 actividades identificadas en el proyecto, llamadas actividad A hasta actividad H. La actividad A y la actividad G pueden comenzar justo cuando inicia el proyecto. La última actividad, antes de completar el proyecto es la actividad F. Si todo funciona tal y como está planeado, el proyecto tomaría 9 días en terminar.

La gráfica también indica que hay actividades que ocurren al mismo tiempo, por ejemplo, la A, la G y parte de la B, por lo que, si cada una requiere un equipo dedicado, tendrían que ser tres equipos diferentes trabajando en el proyecto (al menos en esa etapa).

Si los procesos terminados se colorearan en verde al concluir, los procesos ya iniciados en azul; y si estuviéramos en el día 4, por ejemplo, la gráfica nos mostraría, de un solo vistazo, si todo va a tiempo o si hay algo retrasado, o adelantado, en nuestro proyecto.

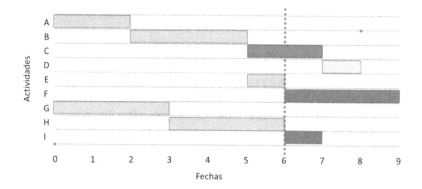

Figura 5.7.- Gráfica de Gantt con indicadores de avance del proyecto al inicio del día seis

Lo que no queda muy claro al ver una gráfica de Gantt es la dependencia entre actividades. En el caso de la figura 5.6, se puede ver que las actividades iniciales son la A y la G, pero no queda claro qué actividades dependen de otras, por ejemplo, F podría depender de E o de H y podría, o no, también depender de B.

Otra desventaja de las gráficas de Gantt es que, si el proceso tiene muchas actividades, puede ser complicado entender la gráfica al verla en una pared.

5.5.- Diagramas de PERT

Aunque las gráficas de Gantt muestran las actividades en el tiempo, no ilustran la dependencia entre actividades, ni qué pasaría si una actividad en particular se retrasara. Otra herramienta utilizada en la administración de proyectos que ayuda a identificar dependencias son los diagramas PERT, que es una abreviación de su nombre en inglés: Program Evaluation and Review Technique (técnica de evaluación y revisión de programas). En este tipo de gráfica se ilustran las actividades en forma de nodos y la secuencia de estas como flechas que conectan una con la siguiente. Esto ayuda a entender si, para iniciar una actividad, se requiere que otra haya ya finalizado. Ilustrado por el ejemplo ya mencionado de una construcción, donde no se puede poner el techo a una casa si no se han construido las paredes. La herramienta también sirve para identificar cuál es la ruta crítica, es decir la secuencia de actividades más larga, de tal forma que, si algo se retrasara en alguna de esas actividades, el proyecto se retrasaría en su fecha de entrega final.

Hay cuatro elementos que forman un diagrama de PERT: punto de inicio, punto final, nodo o actividad, y flecha.

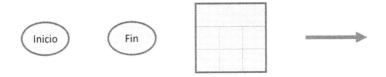

Figura 5.8. – Elementos de un diagrama de PERT

Los pasos para crear un diagrama de PERT son:

1.- Dibuje la red de nodos del proyecto

2.- En cada nodo escriba el nombre de la actividad y su duración

3.- Calcule el tiempo de inicio y terminación más temprano de cada nodo comenzando con aquellos que dependen del punto de inicio

4.- Calcule el tiempo de término y de inicio más tarde de cada actividad comenzando por aquellas que terminan en el punto final

5.- Calcule la holgura de cada nodo (restando el punto de inicio más temprano del punto de inicio más tarde)

6.- Identifique la ruta crítica (los nodos que tienen cero holguras)

	Nombre de Actividad	
Inicio temprano	Duración	Fin temprano
Inicio tardío	Holgura	Fin tardío

Figura 5.9.- Contenido de un nodo de actividad en un diagrama de PERT

Un nodo de actividad se representa como un rectángulo e incluye, en la parte superior el nombre de la actividad. El siguiente renglón incluye el tiempo de inicio más temprano, la duración y el tiempo de terminación más temprana. El renglón inferior lista el tiempo de inicio más tarde, la holgura, y el tiempo de terminación más tarde.

Para crear la red de nodos del proyecto:

1. Identifique qué actividades pueden iniciar justo cuando inicia el proyecto.
2. Coloque el punto de inicio.
3. Conecte la(s) actividad(es) iniciales con una fleca desde el nodo de inicio.
4. Identifique qué actividades siguen a las actividades que acaba de colocar, póngalas en la gráfica y conéctelas.
5. Conecte la última(s) actividad(es) con el punto de terminación.

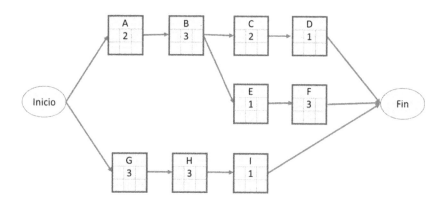

Figura 5.10.– Red de nodos del diagrama de PERT de la tabla 5.1

Las actividades que no tienen ningún prerrequisito (no dependen de nada) se conectan directamente al punto de inicio. Si una actividad no es prerrequisito de ninguna otra, la salida de esta se conecta al punto de fin del proyecto.

Cuando una actividad requiere dos o más actividades anteriores, esta recibe una conexión de entrada de cada requerimiento. De igual forma, si un proceso es necesario para completar dos o más, se coloca una flecha de salida de ese nodo a cada uno de sus nodos dependientes.

5.6.- Cálculo del tiempo más temprano de inicio y terminación de procesos

El tiempo más temprano de inicio de los nodos que dependen del punto de inicio, es cero. El punto de terminación de esos nodos es la suma del tiempo temprano de inicio más la duración esperada de la actividad. El tiempo temprano de inicio de un nodo es igual al tiempo temprano de terminación del nodo que lo precede. SI dos nodos son necesarios para iniciar un tercero, el tiempo más temprano de inicio del nodo resultante será el tiempo de terminación de aquel nodo precedente que termine más tarde. De igual manera, si dos nodos dependen de un solo antecedente, el tiempo final del antecedente se convierte en el tiempo inicial de cada uno de sus dependientes.

Si solo un nodo conecta con el final del proyecto, la duración mínima del proyecto es el tiempo de terminación de ese nodo. En cado que más de un nodo conectara con el punto final, entonces la duración mínima de proyecto será el tiempo de terminación del nodo que termine más tarde. En el caso de la figura 5.5, como se están usando los datos de la tabla 5.1 (que son los mismos que se usaron para la gráfica de Gantt de la sección anterior) el tiempo mínimo para completar el proyecto debe ser igual en ambas gráficas, que en este caso es de nueve días.

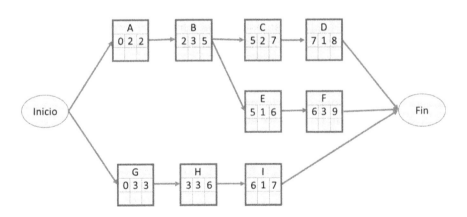

Figura 5.11.- Diagrama de PERT de la tabla 5.1 con tiempos tempranos de inicio y terminación

5.7.- Cálculo del tiempo más tarde de inicio y terminación de procesos

De la figura 5.11 de deriva que el tiempo mínimo para completar el proyecto es de 9 días. También se aprecia que la actividad F es la última en terminar. Otras actividades que conectan con el final del proyecto son I y D, pero estar concluyen antes de la fecha de entrega final del proyecto.

Imagine ahora que la actividad I que puede iniciar el día seis y dura un día terminando el día siete, tuviera un problema y requiriera dos días para completarse. ¿Qué pasaría con la fecha de entrega del proyecto? Y la respuesta es que no habría cambios. Iniciando el día seis y tomando dos días, I concluiría el día ocho. F aún estaría en proceso y el proyecto se entregaría en la fecha estimada sin problemas.

De la figura 5.11 entonces se deriva que hay algunos procesos que pueden iniciar más tarde de la fecha marcada y no afectan la entrega final. Alguna vez escuché que si estás seguro de que todo saldrá bien, no hay ningún problema con iniciar algo en el último minuto, mientras sepas cuando es ese último minuto.

El segundo renglón de los nodos de un diagrama de PERT sirve para ver cuándo es la hora más tarde en la que se podría iniciar un proceso sin afectar la fecha final de entrega del proyecto.

El cálculo de la última hora para entregar cada fase se realiza **de derecha a izquierda** e inicia con el punto de terminación del proyecto. El tiempo de duración del proyecto se convierte en el tiempo más tarde de terminación de cualquier nodo que conecte directamente con el punto final. El tiempo más tarde de inicio de cada nodo es el tiempo más tarde de terminación de este, menos su duración.

Si un nodo es prerrequisito de otro, el tiempo de terminación máximo del prerrequisito será el tiempo de inicio más tarde del nodo que dependa de este. Si dos nodos siguen a un mismo nodo anterior, el tiempo más tarde de terminación del nodo anterior sería el tiempo más corto de inicio de cualquiera de los nodos que le sigan (si un nodo acaba después, aunque sea factible para algunos de sus sucesores, el nodo con el tiempo más temprano ya no iniciaría a tiempo).

El cuadro del centro del renglón inferior se reserva para la holgura de cada nodo. Esta se calcula como la diferencia entre la hora más tarde de inicio del nodo y la hora más temprana de inicio del mismo (los cuadros izquierdos del segundo y primer renglón del nodo). Así, si el tiempo temprano de inicio del nodo H es 3 y el tiempo más tarde es de 5, su holgura sería de 2.

Si la hora más temprana y más tarde de inicio de un nodo son iguales (como en el nodo E, que ambas valen 5, la holgura sería cero.

Algunos nodos pueden tener más holgura que otros. Esto no significa que cada nodo se podría retrasar. Si un nodo se retrasa, hay que recalcular los tiempos y holguras de todo el proyecto. Sin embargo, hay algunos nodos que tienen un valor de holgura de cero. Esto significa que esas actividades no se pueden retrasar en absoluto.

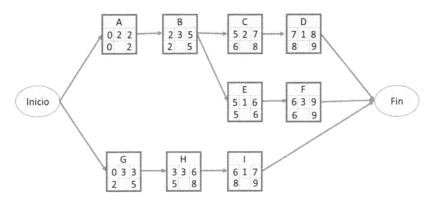

Figura 5.12.– Diagrama de PERT de la tabla 5.1 con tiempos más tarde de inicio y terminación

5.8.- Cálculo de la ruta crítica de un diagrama de PERT

En la gráfica del ejemplo usado en este capítulo, se nota que hay varias actividades con valor de cero en el cuadro de holgura. El tener cero holgura en algunas actividades significa que perder un día en alguna de esas actividades retrasaría la entrega final del proyecto por la misma cantidad. Los nodos que tienen holgura con valor de cero se conocen como ruta crítica.

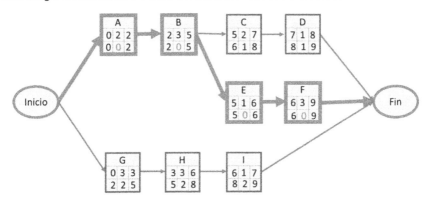

Figura 5.13.– Identificación de la ruta crítica del diagrama de PERT de la tabla 5.1

De la figura 5.13 se puede deducir que la ruta más larga es la que ocupan las actividades A, B, E, y F con una duración total de 9 días, por lo que, si todo funciona como debe, el proyecto concluiría en 9 días. Si hubiera un problema con alguna de esas actividades, digamos que la actividad E se retrasara un día, entonces la fecha de entrega final del proyecto ahora se retrasaría un día.

Por otra parte, la ruta A, B, C, y D, no es crítica, lo que significa que, si el proceso C se retrasara un día, el proyecto todavía se podría completar en 9 días. De igual manera, en la ruta G, H, I, si alguna de esas actividades se retrasara uno, o incluso dos días, la fecha de entrega no se vería afectada.

Minicaso: Ese camión era para mí

Uno de los beneficios de los diagramas PERT es que ayudan al director de proyecto a tomar decisiones difíciles en temas de asignación de recursos. Imagine un proyecto con dos actividades que ocurren al mismo tiempo Act1 y Act2. Ambas actividades requieren un camión para transportar material. Sin embargo, solo tenemos un vehículo disponible, no se puede compartir el camión y el segundo camión llega hasta mañana. Si los diagramas PERT del proyecto mostraran que Act1 es parte de la ruta crítica, y que Act2 tiene holgura de al menos un día, un buen director de proyecto asignaría el transporte disponible a Act1, independientemente de quién hubiera sido el destinatario original. El responsable de Act2 va a reclamar su equipo. Explicará que su proceso se va a retrasar y que la responsabilidad deberá recaer en el director del proyecto. El director de proyecto podrá decir que es una decisión ejecutiva tomada para el bien del proyecto en general. Act2 puede esperar un día sin afectar el resultado final del proyecto, mientras que Act1 no se puede detener.

Esto es importante porque se puede decidir, en caso de problemas o falta de recursos, qué actividad debe recibir los recursos disponibles y cuáles pueden esperar.

Supongamos que las actividades I y F están activas al mismo tiempo y ambas requieren usar una computadora, pero solo hay una disponible, la segunda computadora llega mañana. El administrador debe asignar el equipo de cómputo a la actividad F (pues esa actividad es crítica, y no se puede retrasar) esta decisión causaría un retraso de un día en la actividad I, pero ese proceso puede tolerar ese retraso sin afectar la fecha de entrega final del proyecto. Este tipo de gráficas ayuda en algunas de las decisiones más difíciles de un administrador de proyectos.

5.7.- Resumen

- El esfuerzo de desarrollo de un nuevo sistema de información se debe ver como un proyecto y se puede administrar usando las herramientas de administración de proyectos.
- Entre las herramientas más comunes para administrar proyectos se encuentran las gráficas de Gantt y los diagramas de PERT.
- Una gráfica de Gantt consiste en un modelo bidimensional donde el eje horizontal representa el tiempo y en el eje vertical se listan los nombres de las actividades que componen el proyecto. Cada actividad se representa como una barra horizontal, su punto de inicio coincide con la fecha de arranque de esa actividad y su longitud concuerda con su duración.
- Un diagrama de PERT ayuda a visualizar las dependencias entre actividades y reconocer los tiempos más tempranos y más tardes para iniciar y completar cada actividad.
- Los nodos con cero holgura en una diagrama de PERT se denominan ruta crítica y significa que perder un día en alguna de esas actividades retrasaría la entrega final del proyecto por la misma cantidad.

5.8.- Ejercicios de repaso

Preguntas

1. ¿Cuál es la diferencia entre una gráfica de Gantt y un diagrama de PERT?
2. ¿Qué información se puede concluir de un proyecto al observar su gráfica de Gantt?
3. ¿Cuáles son las ventajas y desventajas de usar una gráfica de Gantt para administrar un proyecto?
4. ¿Qué significa el dato de inicio temprano en un nodo en un diagrama de PERT?
5. ¿Cómo se calcula la holgura de un nodo en un diagrama de PERT?
6. ¿Qué es y para qué sirve la ruta crítica en un diagrama de PERT?

Ejercicios

Eres el responsable de organizar un concierto de beneficencia de una banda muy conocida. El día del concierto se necesita realizar varias actividades:

Actividad	Requiere de	Duración
a.- Abrir el salón	Nada	1 hora
b.- Instalar el sonido	A	3 horas
c.- Instalar la decoración del salón	A	4 horas
d.- Recibir a la banda en el aeropuerto	Nada	1 hora
e.- Llevar a la banda al salón	D	1 hora
f.- Hacer pruebas de sonido	B y E	2 horas
g.-Iniciar el concierto	C y F	3 horas

1. Prepara una gráfica de Gantt de las actividades a realizar
2. Prepara un diagrama de PERT de las actividades a realizar
3. Si el concierto termina a las 11 de la noche, ¿cuándo es lo más tarde que se puede abrir el salón?
4. ¿Cuándo es lo más tarde que se podría recoger a la banda en el aeropuerto?
5. ¿Cuál sería la ruta crítica del día del concierto?

Módulo III

Elementos para la Ejecución de Proyectos

Capítulo 6

Organización de un Área de TI

"Todos los miembros de la organización, para relacionar sus esfuerzos con el bien común, deben comprender cómo encajan sus tareas con la tarea del conjunto. Y, a su vez, deben saber lo que implica la tarea del conjunto para sus propias tareas, sus propios aportes, sus propios rumbos."

Peter F. Drucker, "Management: Revised Edition", 2008

6.1.- Objetivos de aprendizaje

- Apreciar las implicaciones del lugar en el organigrama organizacional donde se coloca el área de TI.
- Identificar las diferentes áreas de un departamento de TI.
- Entender las implicaciones del Desarrollo de nuevas aplicaciones en la estructura organizacional de un área de TI.
- Entender las implicaciones de la operación de las funciones de informática en la estructura organizacional de un área de TI.
- Entender las implicaciones de las tareas administrativas del área de TI en su estructura organizacional.
- Conocer las ventajas y desventajas de tercerizar parte de las funciones del área de TI.
- Conocer las ventajas y desventajas de la decisión de centralizar o descentralizar las funciones del área de TI.

6.2.- Las funciones de un área de TI

Diferentes empresas asignan diferentes funciones al área de tecnologías de información. Para algunas, el área es responsable por equipos de cómputo y aplicaciones, otras empresas incluyen telecomunicaciones (incluyendo telefonía) en la lista de responsabilidades, y otras llegan hasta indicar que la definición de la estructura organizacional de toda la organización es responsabilidad del área de TI.

Independientemente de qué tan inclusiva sea la definición de la función de TI en la empresa, hay dos funciones que son irrenunciables: mantener los sistemas actuales operando y desarrollar nuevas aplicaciones. Dependiendo del tamaño de la empresa y su dependencia en la tecnología, una de las dos áreas (operación o desarrollo) tendrá predominancia en el organigrama.

Otra tarea que no se puede evitar en un área de TI es la administración de la función. Es decir, la dirección de informática. Este puesto se llama CIO o Chief Information Officer.

Dos decisiones importantes que definen la estructura organizacional son: centralizar o descentralizar; y outsourcing o in-house. En este capítulo se discuten las alternativas que existen para organizar el área de TI en la empresa.

6.3.- Nivel en la organización donde se coloca el área de TI

En la mayoría de las empresas hay tres lugares donde se puede encontrar al área de TI en el organigrama general. El director de tecnología (CIO) puede depender del director general (CEO), y estar al mismo nivel que otros directores de línea como el director finanzas (CFO) o el de operaciones (COO). En otras organizaciones el área de tecnología se encuentra a nivel Staff, fuera de la línea de operación de la empresa o dependiendo de planeación (otra área de nivel staff). Sin embargo, en muchas estructuras, generalmente donde TI lleva mucho tiempo operando, el área de tecnología depende del área de finanzas.

Colocar al CIO dependiendo del CEO a nivel línea generalmente muestra que la tecnología es una parte importante de la organización. Algunas empresas dependen de la tecnología para operar. Imagínese un banco sin computadoras, o una tienda en línea sin Internet. En algunas empresas, el área tecnológica es parte de la línea de producción, el producto es altamente tecnológico. En esos casos, es común ver dos áreas de tecnología, una encargada de la producción, y otra para dar servicios internos. En una universidad, por ejemplo, es común ver un área de tecnología educativa (que atiende los procesos de investigación y las clases) y otra de tecnología administrativa, que atiende las operaciones, finanzas y cobros de la universidad.

Cuando el CIO está a nivel staff (o depende de un área staff) generalmente muestra que la tecnología se ve como una necesidad de la organización, pero no como parte del proceso productivo.

En la mayoría de los casos, sobre todo en empresas muy grandes donde el área de TI ha existido como tal por mucho tiempo, es común ver que TI depende de Finanzas. Una razón puede ser porque los primeros equipos de cómputo se usaban para tareas administrativas y fue el área de Finanzas donde primero entraron los equipos a esas empresas. Otra razón puede ser porque el área de finanzas también tiene como tarea el administrar las funciones de oficina de la empresa y el área tecnológica se ve como una función de soporte.

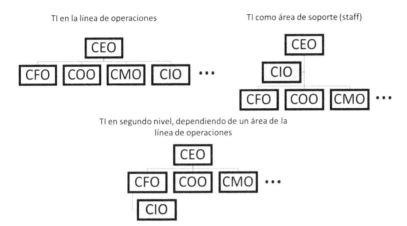

Figura 6.1.- Posibles ubicaciones del área de TI en la organización

6.4.- Actividades de desarrollo de nuevas aplicaciones

Para desarrollar nuevas aplicaciones, se requiere de especialistas en análisis y diseño de sistemas, administración de proyectos, y desarrolladores de software. Si la aplicación va a ser implementada por un proveedor externo, la empresa de cualquier forma necesita alguien que supervise la el desarrollo y maneje la relación con el proveedor.

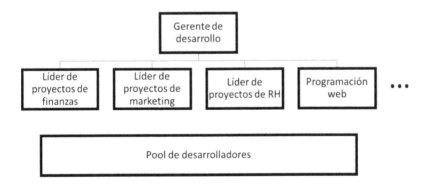

Figura 6.2.- Posible organigrama del área de desarrollo

Algunas veces los analistas se especializan por área funcional, así, es posible tener analistas para compras o para producción. Otras veces forman un pool que ataca proyectos conforme les son asignados.

En una empresa grande, se puede tener un gerente de desarrollo que coordina los diferentes equipos y luego analistas para diferentes áreas funcionales y desarrolladores especializados en diferentes tecnologías (ERP, bases de datos, Web, etc.).

Minicaso: La tecnología en una cadena de tiendas de conveniencia

¿Qué tanto depende una tienda de conveniencia de la tecnología? Al entrar a una tienda de conveniencia, la única tecnología que las personas ven es la caja registradora, pero si se ponen a pensar en las funcione de ese equipo se darán cuenta que es el corazón de la tienda.

Primero: la tienda no solo vende leche y pan. También vende recargas a teléfonos celulares, pagos de servicios públicos, pagos de tarjetas de crédito, y pagos por boletos de avión u otras compras realizadas en Internet. Del 20 al 30 por ciento de las ventas en ese tipo de establecimientos son productos informáticos (que no existen en la tienda).

Segundo: la caja registradora ayuda a llevar el inventario y colocar órdenes de resurtido. Incluso se utiliza para emitir recibos de mercancía a proveedores que entregan productos directo a la tienda, como serían los refrescos o cervezas.

Tercero: Poca gente sabe, pero para el personal de la tienda, la caja registradora es también un centro de entrenamiento. Ahí pueden tomar cursos y realizar trámites con el área de recursos humanos.

Para responder a la pregunta inicial: se puede decir que la tienda no tendría más remedio que cerrar si dejaran de funcionar sus cajas registradoras.

6.5.- Soporte a la operación

Durante la operación normal de los sistemas, es probable que ocurran problemas o los usuarios tengan dudas de la forma de realizar algún procedimiento. Para esos casos existen las mesas de ayuda (call centers) que son unidades que responden a los usuarios y clasifican los problemas. Un call center puede resolver problemas sencillos, o direccionar la solicitud a las áreas de soporte técnico o desarrollo de sistemas para problemas más complejos.

El área de soporte técnico se forma de especialistas en resolver problemas técnicos o de configuración de software de sistema. Ese grupo también maneja los contratos de mantenimiento de equipos y administra la red. El grupo pude realizar algunas instalaciones sencillas.

Una función muy importante es la de jefe de seguridad informática. Esta función tiene dos responsabilidades: asegurar la continuidad de la operación (en caso de desastres naturales o fallas mayores) y proteger a la empresa en caso de ataques informáticos (incluyendo el crear una cultura de seguridad informática entre el personal).

En empresas muy grandes, hay un responsable del soporte a las operaciones que supervisa al personal de estos grupos.

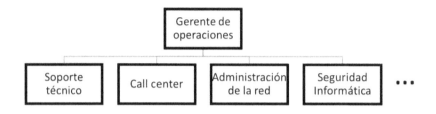

Figura 6.3.- Posible organigrama del área de operaciones

6.6.- Administración de la función informática

Como se menciona arriba, la tarea de administrar la función de informática recae en el director de informática (Chief Información Officer o CIO). Esta persona dirige el departamento, negocia y administra el presupuesto y supervisa la planeación de sistemas. Algunas veces el CIO tiene personal de staff, sobre todo para la planeación de sistemas, el entrenamiento y desarrollo del personal del área y para monitoreo tecnológico.

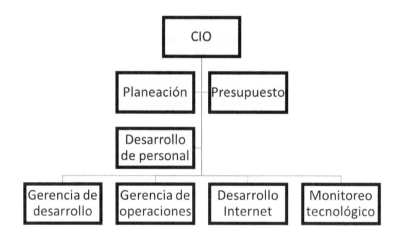

Figura 6.4.- Posible organigrama del área de TI

98

6.7.- Centralizar o descentralizar

Cuando solo había una computadora por empresa, las funciones debían centralizarse, Solo el área central de TI podía adquirir equipo y definir en qué se iba a trabajar. Sin embargo, pronto surgieron las minicomputadoras, equipos económicos, pero suficientemente poderosos para atender las necesidades de una empresa pequeña o un departamento y comenzó el debate de si los equipos departamentales deberían ser administrados localmente o desde un área central.

Con la llegada de las microcomputadoras, el equipo de cómputo en la empresa ya no era monopolio del área de tecnología. Cualquier departamento podía comprar computadoras y algunos vieron conveniente contratar personal para operar esos equipos y desarrollar sus propias aplicaciones. Adicionalmente, usuarios finales podían crear sus propios programas o usar paquetes disponibles en el mercado.

Entre las ventajas de centralizar las operaciones se encuentran [CIO Source, 2018; Scott, Hill, y Mingay, 2020]:

- Simplifica la integración de soluciones
- Mejor control presupuestal
- Mejor alineamiento entre la plataforma tecnológica
- Mayor seguridad
- Economías de escala

La principal desventaja es que puede ser muy burocrático y está más lejos de los usuarios y sus necesidades.

Entre las ventajas de una operación descentralizada están [CIO Source, 2018; Scott, Hill, y Mingay, 2020]:

Los departamentos funcionales tienen mayor control sobre los proyectos

- Hay mejor integración con la planeación y prioridades departamentales
- Generalmente se obtienen resultados más rápidos

La mayor desventaja de la descentralización es que algunas veces la mejor solución a nivel local no es lo mejor para la organización como un todo, puede llevar a problemas de integración y duplicidad de esfuerzos.

La mayoría de las empresas tienen modelos híbridos (federados), donde ciertas funciones (como infraestructura, contrataciones, mesa de ayuda) son centralizadas mientras que otras (como desarrollo) se descentralizan [Weill y Ross, 2004]. En general la recomendación es [Scott, Hill, y Mingay, 2020]:

- Optar por la estructura descentralizada si la empresa consta de entidades dispares y desconectadas.

- Elegir una estructura federada donde hay objetivos empresariales compartidos.
- Buscar la estructura centralizada (global) cuando la empresa está unificada en el valor de la tecnología y existe una similitud significativa en toda la empresa.

6.8.- Outsource o in-house

Otra decisión importante, para definir la forma y tamaño de un área de TI, es determinar cuáles funciones se van a realizar con personal propio y cuáles se pueden tercerizar (desarrollar por otra empresa en formato de outsourcing).

Las ventajas de outsourcing son [MJV Team, 2021; Essent, 2021]

- Permite concentrarse en funciones clave para la empresa
- Menor tiempo de implantación
- Facilidad para escalar soluciones
- Mejor control presupuestal
- Acceso a personal con experiencia
- Economías de escala

Las desventajas incluyen [Lozhka, 2021; Executech, 2021]

- Menor control
- Menor calidad
- Posibles fugas de información
- Impacto negativo en la cultura organizacional
- Poco conocimiento de la empresa por parte del tercero

Cualquier decisión tendrá pros y contras. Lo importante al elegir una estructura organizacional es definir qué organización tiene mayores probabilidades de cumplir con los objetivos de la empresa y ejecutar los planes de tecnología, al menor costo, menor riesgo y mayor flexibilidad.

6.9.- La analítica de datos en el organigrama del área de tecnología

Para muchas empresas, la analítica de datos es una actividad de un grupo de especialistas adentro del área de sistemas. Algunas otras tienen unidades especializadas en analítica ya sea dependiendo del área de tecnología o de forma independiente. Adicionalmente, esas áreas pueden estar centralizadas o descentralizadas con las áreas usuarias.

Los equipos centralizados de analítica suelen generar consistencia a través de la empresa aplicando políticas definidas y mejores prácticas. Sin embargo, muchas veces no pueden ofrecer el nivel requerido de experiencia en el dominio empresarial descentralizado ni la agilidad necesaria. Los equipos y comunidades descentralizados suelen enfrentarse al reto contrario: se centran en los resultados de negocio en lugar de en la consistencia empresarial.

Los equipos de analítica centralizados en las áreas de tecnología tienden a concentrarse en apoyar plataformas y administrar datos. Tienen problemas ofreciendo la velocidad y la agilidad que requieren las líneas de negocio. Los equipos basados en el negocio apoyan sus áreas de negocio en lugar de desarrollar las capacidades de TI [Heizenberg & Gabbard, 2024].

El puesto de director de analítica de datos se conoce como Chief Data Analitics Officer, o CDAO por sus siglas en inglés. El puesto es aún nuevo y sus funciones dependen de la visión de la organización donde opere [Parker, 2025].

6.10.- Consejos para administrar equipos de trabajo de proyectos informáticos

La conformación de los equipos de trabajo para proyectos de analítica varía dependiendo de la metodología seleccionada. Sin embargo, independientemente del tipo de equipo que se forme, hay ciertos principios básicos, específicos del desarrollo de software que se aplican para su operación.

Con los primeros grandes proyectos de desarrollo de software quedó claro que esta disciplina era diferente de otras. Eso se documentó en el libro "The Mythical Man Month" de Frederik P. Brooks [Brooks, 1975]. Los problemas encontrados hace más de 50 años tienen que ver con principios conceptuales del desarrollo de software, por lo que muchos de ellos siguen siendo válidos. Entre los conceptos más importantes, y relevantes a los proyectos actuales que se mencionan a continuación, están recomendaciones de la composición de los equipos de trabajo, la división de funciones y la comunicación entre miembros del equipo.

- El trabajo de desarrollo no se puede dividir, por lo que asignar más personas a un mismo trabajo no hará que se termine más rápido. Solamente se pueden asignar tantas personas como módulos independientes se tenga en el proyecto.
- El desarrollo de sistemas requiere comunicación, por lo que asignar más personas a un proyecto que va tarde solamente lo hará más tarde. Al traer más gente al proyecto hay que sacar gente de operación para entrenar el nuevo grupo. Eso y el costo de coordinar un grupo más grande puede ser menos conveniente que la ganancia en el tiempo.

- Es importante mantener la consistencia en el diseño. Cada programador no puede definir sus propias reglas, por lo que es importante separar el diseño de la construcción.
- Otro punto que menciona Brooks es un fenómeno conocido como el efecto del segundo sistema. Al construir su segundo sistema, un especialista tiende a agregarle todo lo que no le puso a su primer sistema, creando una aplicación poco operante. Al llegar al tercer sistema la experiencia ya ha dictado que hay ciertas funcionalidades útiles y otras que no son necesarias. Brooks recomienda evitar contratar, o vigilar de cerca, a las personas que estén trabajando en su segundo sistema.

6.11.- Resumen

- Organizacionalmente el área de TI puede estar a nivel de línea y depender del CEO, estar a nivel staff, o depender de un área funcional como finanzas.
- Normalmente el área de TI reporta a un CIO y cuenta con una sección para operaciones, otra para nuevos desarrollos y un grupo encargado de las funciones administrativas internas.
- Una decisión importante es la de centralizar o descentralizar las funciones. La decisión puede ir en una dirección, en la otra o en un modelo mixto dependiendo de la estructura y organización de la empresa.
- Otra decisión importante es la de usar servicios de outsourcing o realizar las funciones internamente. Hay ventajas y desventajas para cada alternativa, la decisión final dependerá de los objetivos que se quiera lograr con el área de TI en la organización.

6.12.- Ejercicios de repaso

Preguntas

1. ¿Cuáles son las diferentes áreas del organigrama de una organización donde puede estar el área de TI y qué implicaciones hay detrás de cada ubicación?
2. ¿Cuáles serían las posibles funciones en un grupo encargado de desarrollo de aplicaciones?
3. ¿Cuáles serían las funciones típicas en un grupo encargado de operación del área de TI?
4. ¿Qué ventajas y desventajas ofrece el centralizar las funciones de TI?

5. ¿Qué ventajas hay en descentralizar la función de TI?
6. ¿En qué se puede basar la decisión de cuáles funciones manejar con personal interno y cuáles usar outsourcing?

Ejercicios

1. Encuentra el organigrama del área de TI de una empresa, identifique las decisiones clave que se tomaron para su diseño y explique, en el contexto de la empresa, por qué esas decisiones fueron necesarias.
2. Investiga el organigrama del área de TI de una empresa mediana y de una empresa grande.
3. Busca el organigrama de TI de un Banco.
4. Investiga el organigrama del área de TI de una empresa de ventas al menudeo.
5. Entrevista a un líder de proyecto de desarrollo de sistemas y pregunta si alguno de los consejos de Brooks de hace más de 50 años sigue siendo válidos en los equipos actuales.

Capítulo 7

Habilidades Críticas para la Ejecución de Proyectos

"055:55:20 Swigert: ...Tenemos un problema aquí. [Pausa.]

055:55:28 Lousma: Este es Houston. Repita eso, por favor.

055:55:35 Lovell: [Ruido.] Ah, Houston, tenemos un problema. Tenemos una baja de tensión en el BUS Principal B."

Astronautas a bordo del Apollo XIII reportando un incidente al Centro de Control de Misión en NASA, abril 1970, [Woods et al., 2017].

7.1.- Objetivos de aprendizaje

- Conocer por qué son importantes habilidades para administrar riesgos, cambios y entrega-recepción en la implementación de un proyecto.
- Saber qué es la administración de riesgos.
- Conocer los pasos para la administración de riesgos.
- Saber la forma de integrar los datos de administración de riesgos en el presupuesto de un proyecto.
- Saber qué es la administración de cambios.
- Conocer los pasos de la administración de cambios.
- Conocer en qué consiste el proceso de entrega-recepción de un proyecto.

7.2.- Los riesgos en la ejecución de un proyecto

Imagine si, durante el desarrollo de un proyecto, una de las computadoras de su equipo de desarrolladores cae víctima de un virus, un ataque de ransomware. Alguien le está pidiendo dinero a cambio de quitar el candado que hace que los datos almacenados en ese equipo no sean legibles.

Suponga que, faltando dos días para entregar el proyecto, uno de los usuarios le comenta que le gustaría ver el logo de la empresa en la esquina superior izquierda de los reportes que genera el nuevo sistema.

Considera qué pasaría si el proyecto no pareciera terminar nunca y su equipo pareciera estar trabajando en cosas que deberían ser consideradas mantenimiento en lugar del desarrollo del proyecto.

Los tres escenarios anteriores son más comunes de lo que se piensa. Un error manejando cualquiera de ellos y se puede perder la confianza del usuario o incluso el proyecto en su totalidad.

El primer caso se debió haber prevenido, Los virus computacionales existen y es importante usar protecciones antivirus y tener respaldos de la información en caso de que esta se perdiera. Sin embargo, todas las medidas de seguridad cuestan dinero o tiempo. Una computadora de repuesto, discos para respaldar al información o incluso cursos de capacitación para los empleados requieren recursos valiosos. Para decidir cuánto gastar en protección, y en qué utilizar los recursos de la empresa es necesario hacer un análisis de riesgos y costos. Esto se conoce como administración de riesgos.

El segundo caso también ocurre muy seguido. Muchas veces, al hacer el análisis y diseño iniciales se pasa por alto algún detalle que se descubre más tarde en el proyecto. Otras veces, el cliente, al ver la funcionalidad del nuevo sistema, encuentra otras funciones que también pudieran resultar útiles. El decidir qué modificaciones aceptar, y quién va a pagar por los costos agregados de realizar eso, se conoce como control de cambios.

El tercer caso muestra la frontera entre el desarrollo y la operación de un sistema. Esto ocurre cuando no hay un punto claro de entrega-recepción del sistema completo. Esta fase también es crítica porque normalmente el cobro de un proyecto se divide en tres partes. El primer pago, antes del inicio del proyecto, se usa para contratar personal y adquirir equipos necesarios para el proyecto. El segundo pago, a la mitad del proyecto, cubre los costos de desarrollo. El tercer pago representa las utilidades para el desarrollador. El no saber cuándo se ha terminado un proyecto tiende a detener ese último pago necesario para la supervivencia de la empresa de desarrollo.

Las tres prácticas: administración de riesgos, control de cambios y entrega-recepción de proyectos representan habilidades críticas para el sano desarrollo de un proyecto y se estudian a continuación.

7.3.- Administración de riesgos

Siempre hay cosas que pueden salir mal en un proyecto. Un buen administrador de proyectos sabe protegerse para evitar que algún problema predecible pudiera hacer fracasar su proyecto. Sin embargo, la prevención cuesta dinero, y eso hace que los costos de desarrollo se incrementen. Es importante saber qué riesgos vale la pena anticipar y prepararse, y cuáles aceptar para resolver solo en caso de que se presenten. Esto se llama administración de riesgos.

Aunque hay varios métodos de administrar riesgos [De Marco & Lister, 1995; Fairley, 1994] es común verlos resumidos en tres pasos:

1. Identificación de riesgos
2. Calificación de riesgos
3. Mitigación de riesgos

Identificación de riesgos
En la primera fase se listan los riesgos a los que está expuesta la organización. Estos pueden representar riesgos para la empresa, sus productos o sus proyectos. Entre los riesgos a analizar estarían riesgos de financiamiento, mercado, tecnología, personas, organización, requerimientos o estimación de costos.

Calificación de riesgos
La siguiente fase consiste en analizar la probabilidad que uno de esos riesgos identificados ocurra, y el efecto que ese riesgo puede tener en la organización. Esto se puede mapear en un cuadrante donde un eje es la probabilidad (alta, media o baja) y el otro el efecto (también alto, medio, o bajo). La figura 7.1 ilustra una tabla de análisis de exposición a riesgos.

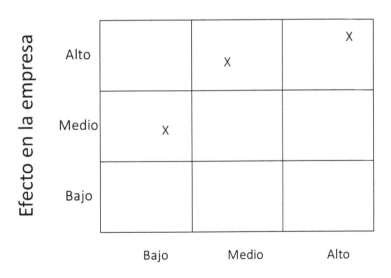

Probabilidad de que ocurra

Figura 7.1.-Tabla de análisis de exposición a riesgos

Mitigación de riesgos

Una vez calificados los riesgos, queda claro que hay riesgos más críticos que otros. Por ejemplo, algo altamente probable, que al ocurrir tendrá un efecto catastrófico en el proyecto, es obviamente algo de lo que la empresa se debe cuidar y buscar eliminarlo, o al menos prepararse; mientras que algo poco probable y con un efecto bajo, es quizá un riesgo aceptable con el que se tratará cuando ocurra (si es que llegara a ocurrir).

Los riesgos con alta probabilidad y efecto medio o alto, y los riesgos con alto efecto con probabilidades medias o altas, son riesgos no aceptables. Hay dos formas de tratarlos, la primera es reducir la probabilidad (invirtiendo en equipo de respaldo, por ejemplo) la otra es reducir el efecto (invirtiendo en copias de información o en procedimientos de emergencia)

Los riesgos con baja probabilidad y bajo efecto podrían ser aceptables y la empresa puede lidiar con ellos si llegaran a ocurrir.

Los riesgos medios requieren preparación en caso de que ocurrieran (planear por adelantado qué hacer si llegaran a ocurrir). Pero quizá no ameriten invertir en equipo o materiales adicionales por adelantado. La figura 7.2 ilustra las zonas de mitigación y aceptación de riesgos.

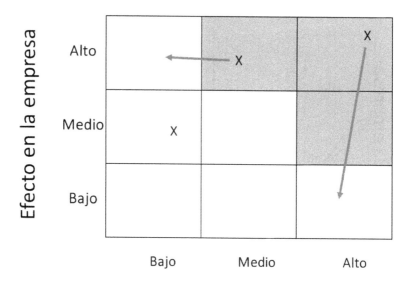

Figura 7.2.- Zonas de mitigación y aceptación de riesgos

Minicaso: Si algo puede salir mal...

Una conocida frase entre los administradores es la que se conoce como ley de Murphy que dice que "si algo puede salir mal, va a salir mal" [Axelrod, 67]. La idea detrás de la ley de Murphy es que es importante estar preparado por si algo llegara a fallar, porque algo va a fallar. Una segunda, poco menos conocida ley dice que "si algo va a salir mal, va a salir mal en el peor momento posible". Las cosas tienden a fallar cuando uno menos lo espera y ese momento siempre es un momento inoportuno. En broma se dice que la tercera ley de Murphy es que "si todo parece ir bien, obviamente no sabes lo que está pasando" porque seguramente algo ya salió mal y aún no te has dado cuenta.

7.4.- Integración de datos de administración de riesgos en el presupuesto de un proyecto

Para calcular el precio al que se debe vender un proyecto, es importante estimar todos sus costos. Un costo no considerado eventualmente tendría que ser cubierto y, si el precio cotizado es fijo, los costos no estimados deberían salir de las utilidades esperadas. Un proyecto con suficientes costos no estimados puede llegar a ser no rentable.

Inicialmente, el precio de un proyecto es el resultado de calcular sus costos y sumarle la utilidad esperada. Por ejemplo, si un proyecto requiere recursos y personal que tienen un costo de 80, y se quiere obtener una utilidad de 40, el precio final debería ser 120, y esto sería el precio si el proyecto no tuviera ningún riesgo.

Para estimar el costo que el riesgo agregaría al proyecto hay que identificar y calificar todos los riesgos del proyecto. Si hay algún riesgo con alto costo y alta probabilidad, es proyecto probablemente estaría condenado a fallar, por lo que no se debería ofrecer una cotización al cliente. Sin embargo, si es posible atenuar los riesgos altos con medidas de mitigación de efecto o probabilidad, entonces el costo de las medidas de mitigación se debe agregar al costo del proyecto. Suponiendo que, en nuestro proyecto con un precio de 120, se tuviera que invertir 15 para medidas de mitigación, entonces el precio ahora sería de 135.

Una vez integrados los costos de mitigación, es probable que queden algunos riesgos en niveles medios y bajos. Aunque estos riesgos generalmente no ponen en peligro el proyecto, si conllevan un costo. Un retraso de un día, o la reparación de un equipo, son costos que se deben cotizar en el proyecto. La forma de cotizar esto es, en base al nivel y número de fallas menores identificadas, se puede reservar un porcentaje del precio como seguro de accidentes. Si se llegara a necesitar usar algo de ese fondo, el proyecto estaría a salvo. Si sobrara dinero al final, el sobrante se acumula en una cuenta para otros proyectos que pudieran excederse en sus estimaciones. Este monto que se agrega al precio final se llama costo de contingencia. Suponiendo que se estima un costo de contingencia de un 10%, entonces nuestro proyecto de 135 ahora costaría 148.5, y ese sería el precio a cotizar por el proyecto. Ofrecer un precio menor implicaría correr el riesgo de dejar al proyecto sin utilidades, o incluso con pérdidas. La figura 7.3 muestra los elementos en la integración del cálculo del riesgo en el precio de un proyecto.

Normalmente el desglose de costos de mitigación y costos de contingencia no se comunica al usuario, pero es importante considerarlo e integrarlo en el costo final de un proyecto.

Costo de tiempo y materiales	80
Utilidad esperada	+ 40
Sub-total precio	120
Costo de mitigación	+ 15
Sub-total precio	135
Costo de contingencia	+ 13.5
Precio final	147.5

Figura 7.3.- Elementos en la integración del cálculo del riesgo en el precio de un proyecto

7.5.- Administración de cambios

Hay diferentes circunstancias que pueden derivar en el cliente solicitando un cambio a un desarrollo de sistemas de analítica una vez que el diseño o desarrollo del proyecto están en marcha. A continuación, se listan algunos ejemplos:

- Se descubre que hay un error en el análisis inicial
- Hay algunas actividades que no se contemplaron en el análisis inicial
- Hay otras áreas que también podrían beneficiarse del proyecto y el usuario quiere su opinión
- Ahora que hay avances se ve que hay otros datos importantes que también se deben considerar
- El mundo cambia y la decisión a tomar es diferente de la que se definió en los documentos iniciales del proyecto
- Alguien quiere un cambio en los formatos
- Algún usuario quiere demostrar su poder solicitando un cambio en particular

Algunos cambios pueden ser muy sencillos y solucionarse cambiando un archivo con un logotipo, o cambiando el color de algún reporte. Otros cambios pueden significar volver a empezar el proyecto, o requerir esfuerzos o tiempos tales que puedan descarrilar el proyecto.

Cualquiera que sea el cambio solicitado, va a requerir algo de tiempo y dinero. Esto es relevante porque hay dos formas de cobrar por un proyecto: tiempo y materiales, o precio fijo. Si el precio es fijo, cualquier costo adicional reducirá las utilidades. Si el precio es variable, el riesgo es que el cliente sienta que está gastando mucho por el proyecto o que se muestre insatisfecho por fallas en las estimaciones de tiempos de entrega.

Si los cambios solicitados son por causas atribuibles al equipo de desarrollo, los costos deben correr por cuenta del equipo de desarrollo. En este caso, una cantidad predecible de cambios se deben considerar dentro del costo de contingencia, explicado en la sección anterior.

Si los cambios son atribuibles al cliente, lo normal es que sea el cliente quien pague por ellos. Como esto puede significar un cambio a los términos del contrato (en tiempos de entrega o precios pactados) los cambios no pueden ser solicitados por cualquiera y deberán ser aceptados y confirmados con alguien con autoridad para comprometer los recursos de la empresa.

Minicaso: El valor de manejar bien las expectativas del usuario

Dos vecinos tienen el mismo tipo de automóvil, lo compraron al mismo tiempo y lo usan y cuidan igual. Un cierto lunes por la mañana, los dos coches comenzaron a presentar la misma falla.

Uno de los vecinos lleva el auto al taller A. Ahí le dicen que la falla parece sencilla y que seguro el miércoles le entregan el coche reparado a un costo de $100. Llega el miércoles y el vecino llama al taller y le dicen que el problema resultó algo complejo, que tuvieron que pedir una pieza nueva pero que para el jueves estará listo. Finalmente le entregan el auto el viernes por la tarde, pero el costo fue de $200.

El otro vecino lleva el coche al taller B que le dice que tiene que hacer un diagnóstico y que le llamaría por la tarde para informarle lo encontrado, pero estiman el costo en $100, a menos que el diagnóstico le indique otro problema. Esa tarde le informan que la falla es algo compleja, necesitan una pieza que llegaría el jueves, el viernes la instalarían y el coche estaría listo el sábado, pero el costo sería de $200. El vecino autoriza el trabajo. El jueves por la mañana le llaman y le dicen que la pieza ya llegó y que comenzarán a trabajar en la instalación. El viernes le dicen que podrá recoger el auto por la tarde. El costo total del servicio fue de $100

Ambos talleres hicieron lo mismo. ¿Qué usuario quedó más satisfecho con el servicio?

Normalmente, en el contrato del proyecto se incluyen cláusulas que especifican quién puede solicitar un cambio y el procedimiento a seguir para su análisis y, en su caso, aprobación. Aunque hay diferentes metodologías para la administración del cambio [Filep, 2024], los pasos normalmente incluyen recibir una solicitud, analizar el impacto en tiempo y costos, y autorizar los cambios. Los pasos del proceso de control de cambios se ven de esta forma:

1. Identifica necesidad.
2. Comunica al responsable por parte del usuario.

3. Representante del usuario solicita cambio a líder de proyecto.
4. Líder de proyecto analiza si es necesario un estudio para cotizar el cambio (si se requiere se solicita pago por el estudio por parte del usuario).
5. Se entrega propuesta de costo y tiempo adicionales para el proyecto causados en caso de proceder con el cambio solicitado.
6. El cliente puede aceptar, o no el cambio.
7. Si se acepta se firma un adendum al contrato y se ejecutan los cambios.

Un buen proceso de control de cambios puede mantener a los clientes satisfechos y con expectativas de costo y tiempo de entrega del proyecto en parámetros realistas. Una mala administración de cambios puede llevar a proyectos que nunca terminan.

7.6.- Entrega-recepción de proyectos

Entre los trabajos más importantes de un líder de proyecto está el saber cuándo se ha concluido con un proyecto. Esto es importante porque algunas veces, los proyectos tienden a alargarse indefinidamente, convirtiéndose en operación, en lugar de proyecto.

Otra de las razones para aclarar cuándo ha concluido un proyecto es que generalmente los proyectos se cobran en tres partes, el primer pago, antes de iniciar el proyecto, se utiliza para contratar al personal necesario y conseguir los recursos requeridos por el proyecto. El segundo pago, generalmente a la mitad del proyecto, para los sueldos y gastos de desarrollo. El tercer pago, una vez concluido el proyecto, representa la utilidad (ganancia) del desarrollados. Si no se cierra un proyecto no se obtienen utilidades.

Los contratos deben incluir una especificación de en qué consiste el proyecto terminado (códigos, entrenamiento, documentación, etc.) y quién va a recibir la documentación final y firmar el acta de entrega-recepción. Es muy importante definir con claridad los productos y no usar frases ambiguas como "desarrollo hasta que el usuario quede satisfecho con los reportes" porque eso no se puede comprobar que haya ocurrido.

Una vez completo el proyecto y cumplidas todas las cláusulas del contrato, el líder del proyecto reúne la documentación y prepara un acta de entrega-recepción del proyecto (que básicamente dice que el proyecto y todo lo solicitado ya ha sido entregado). El representante del usuario definido en el contrato firma el acta y el proyecto se da por concluido. A partir de esa fecha comienzan a correr las garantías y la evolución del proyecto.

7.7.- Resumen

- Administración de riesgos, control de cambios y entrega-recepción de proyectos representan habilidades críticas para el sano desarrollo de un proyecto.
- La administración de riesgos busca saber qué riesgos vale la pena anticipar y prepararse, y cuáles aceptar para resolver solo en caso de que se presenten.
- La administración de riesgos ayuda a decidir cuánto gastar en protección, y en qué utilizar los recursos de la empresa. Consiste en tres pasos: identificación, calificación y mitigación de riesgos.
- Durante el desarrollo de un proyecto es normal que surjan solicitudes de cambios al proyecto. La administración de cambios define un procedimiento a seguir para tratar esas solicitudes. Los pasos normalmente incluyen recibir una solicitud, analizar el impacto en tiempo y costos, y autorizar los cambios.
- La entrega-recepción de un proyecto consiste en que una vez completo el proyecto y cumplidas todas las cláusulas del contrato, el líder del proyecto reúne la documentación y prepara un acta de entrega-recepción del proyecto, el representante del usuario definido en el contrato firma el acta, recibe los documentos y el proyecto se da por concluido.

7.8.- Ejercicios de repaso

Preguntas

7. ¿Qué es la administración de riesgos?
8. ¿En qué consiste el control de cambios en un proyecto?
9. ¿Por qué es importante la entrega-recepción de un proyecto?
10. ¿Cómo se identifican los riesgos de un proyecto que son tan peligrosos que resultan inaceptables?
11. ¿Si se quiere atacar un proyecto con riesgos inaceptables, qué pasos se recomienda seguir antes del inicio del proyecto?
12. ¿Para qué sirve agregar un renglón de costos de contingencia en elpresupuesto de un proyecto?
13. ¿Quién debe autorizar los cambios a un proyecto?
14. ¿Quién debe firmar el acta de entrega-recepción de un proyecto?

Ejercicios

1. Busca un contrato en Internet que tenga alguna cláusula de control de cambios y explica en qué consiste la cláusula
2. Busca un ejemplo de un acta de entrega-recepción de algún proyecto
3. Visita una tienda de conveniencia y observa bien lo que hay alrededor.
   - Identifica un riesgo que exista y que la tienda haya buscado disminuir
   - ¿Hay medidas para mitigar la probabilidad o el efecto de un incendio?
   - ¿Hay medidas para mitigar la probabilidad o el efecto de un robo?

Capítulo 8

Negociación y Ventas

"Sell me this pen."

Jordan Belfort, interpretado por Leonardo DiCaprio en "The Wolf of Wall Street", 2013

8.1.- Objetivos de aprendizaje
- Saber qué es una negociación y qué es negociable.
- Identificar los objetivos de una negociación.
- Conocer las diferentes estrategias de negociación y saber cuándo aplicarlas.
- Entender el proceso de negociación.
- Entender el proceso de ventas.
- Dominar el concepto de venta de soluciones.

8.2.- Todo es negociación, pero no todo es negociable
Definir el alcance de un proyecto, su fecha de inicio, conseguir recursos para desarrollar software, incluso programar las vacaciones de alguien en la oficina; todo eso es negociación. Cuando uno piensa en negociaciones y ventas es común concentrarse en adquisiciones de bienes y servicios involucrando grandes cantidades de dinero. Eso sí es un proceso de negociación, pero también lo es el manejo de recursos humanos en la oficina, o incluso el decidir qué película ver esta noche. Un bebé que puede lograr que sus padres se levanten a las tres de la mañana para alimentarlo, por insólito que parezca, está siguiendo un proceso de negociación.

Ahora bien, no todo es negociable. La cultura y costumbres definen ciertos límites a lo que se puede negociar. La libertad, la salud o el honor son cosas que no tienen precio. Los principios éticos juegan un papel muy importante poniendo límites a lo que se puede negociar.

Cualquier interacción humana es una negociación y es algo que inconscientemente hacemos desde que nacemos. Sin embargo, como es un proceso que parece natural, pocas veces se le presta atención a su funcionamiento y a la forma de mejorar las probabilidades de obtener lo que se busca.

Entender el proceso de negociación puede colocarnos en una posición donde tenemos una ventaja en el proceso y podemos aprovechar oportunidades para obtener lo que buscamos. Es importante conocer lo que cada una de las partes busca y lo que está dispuesta a ceder. Es importante saber cuándo presionar y cuándo no. Conocerse a uno mismo y conocer el proceso de negociación pueden proporcionar esa ventaja que hace a un proyecto un éxito.

8.3.- Objetivos de una negociación

Al entrar a una negociación es importante saber qué es lo que se está buscando. De otra forma, ¿cómo vamos a saber si vale la pena negociar, o si ya se ha obtenido el objetivo?

Hay un ejercicio diseñado por la Prof. Mary Rowe [Rowe, 2001] para ilustrar las interacciones en una negociación. El ejercicio consiste en simular una negociación. Se divide un grupo en subgrupos de dos personas. Cada subgrupo tiene asignado un monto ficticio de dos dólares que tiene que repartirse entre ellos. Cada participante recibe una tarjeta con instrucciones individuales que lo guían en la negociación.

El juego se repite tres veces. La primera vez, cada jugador recibe una tarjeta al azar que indica un monto objetivo que debe buscar. El jugador debe acordar con su contraparte recibir tanto como pueda de los dos dólares, pero al menos debe salir de la negociación con la cantidad indicada en su tarjeta. Las tarjetas son diferentes, sus montos van desde veinticinco centavos hasta dos dólares.

Algunas parejas tienen un proceso sencillo, si ambos buscan veinticinco centavos, todos pueden lograr sus objetivos e incluso conseguir más de lo solicitado. Otras parejas tienen un proceso más complicado, sobre todo cuando la suma de los dos montos supera los dos dólares. Por ejemplo, si un jugador busca $1.25 y el otro necesita $1.50.

Entre los conceptos ilustrados en este ejercicio está el punto de resistencia (o punto de reserva) de cada jugador, y el rango de negociación (lo que queda entre los puntos de reserva) que puede ser positivo o negativo [Lewiki, Barry y Saunders, 2011]. Esto ilustra que uno de los objetivos al negociar puede ser la ganancia.

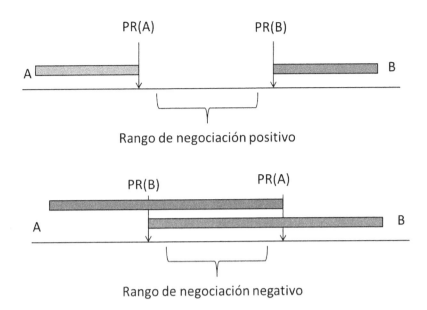

Figura 8.1.- Elementos en una negociación

En la segunda ronda de negociaciones se solicita que cada jugador cambie de pareja, se descarta la primera tarjeta de objetivos y cada jugador recibe una nueva tarjeta. La diferencia es que esta vez la tarjeta dice que busque conseguir todo lo que pueda de los dos dólares, pero que considere (por ejemplo) que el jugador tiene una reputación de ser un gran negociador en su empresa y que no los puede defraudar. Otras tarjetas hablan de la relación, la reputación de su contraparte, o de que se es una figura pública y debe cuidar su imagen. Algunas tarjetas tienen instrucciones de cómo manejar la negociación como: "hable tan poco como pueda", o "elija un valor y no ceda".

Este ejercicio ilustra dos elementos de una negociación adicionales a la ganancia: el "yo", o la reputación que se debe cuidar, y el proceso que se quiere seguir en la negociación.

En la tercera ronda se pide a los jugadores que regresen con su pareja original y se entrega una nueva tarjeta de instrucciones a cada jugador. Esa vez, las tarjetas hablan de que no se tiene tiempo que perder y que se debe conseguir un trato pronto, o bien que el tiempo no es importante y que si no hay un acuerdo se puede tratar más tarde. También hablan de que la contraparte es un desconocido que no volverá a ver, o es un conocido con quien tiene muchos negocios.

119

Esta fase de la simulación ilustra el cuarto objetivo: la relación con la contraparte. Si se busca una relación a largo plazo algunas veces se puede aceptar ceder en alguna negociación, para ganar más adelante.

Los cuatro elementos de los objetivos de una negociación se pueden recordar con las siglas GRIP (por sus iniciales sen inglés) y son [Budjac, 2017]:

- (G) Ganancia
- (R) Relación
- (I) Yo
- (P) Proceso

8.4.- Estrategias de negociación

El ejercicio de la sección anterior es un modelo de suma cero, es decir se puede ganar, perder, o llegar a un punto intermedio, pero lo que una parte gana, la otra pierde. En ese caso hay tres posibles estrategias de negociación: Acomodar (ceder los dos dólares a la contraparte), Competir (buscar que la contraparte quede en cero), o llegar a un compromiso (50%-50% o 75%-25%, etc.).

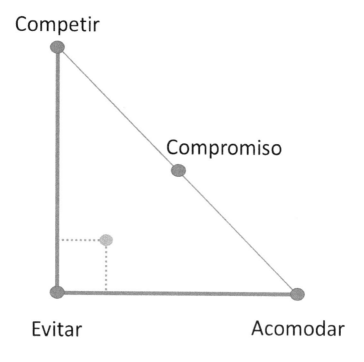

Figura 8.2.- Estrategias alternativas de negociación en un modelo de suma cero. Fuente: [Rowe, 2002].

Hay ciertas condiciones, más allá del objetivo de ganancia, que pueden llevar a elegir opciones diferentes a la de competir. Por ejemplo, si se elige acomodar (ceder), puede ser porque se está buscando un beneficio alterno. Cuando una pareja decide ir al cine y a cenar, muchas veces uno de los dos está dispuesto a ver la película que prefiera el otro, pues lo que se está negociando es el tiempo de la cena.

La opción de acomodar funciona cuando el asunto es poco importante y es más importante mantener la relación. Sin embargo, no es recomendable usarlo siempre, pues se corre el riesgo de caer en depresión o perder el respeto.

La alternativa de competir es adecuada en caso de emergencia, o si se sabe que se está en lo correcto y eso es más importante que mantener la relación. No funciona cuando se utiliza rutinariamente. Por ejemplo, cuando el capitán de un barco ordena abandonar la nave, no está esperando ninguna negociación al respecto.

Existe una alternativa adicional en este caso y es la opción de no negociar. Si no se puede obtener un resultado favorable, las condiciones de la negociación no son adecuadas, o el resultado a obtener no vale la pena si se considera el esfuerzo requerido, se puede optar por no iniciar la negociación.

En la vida real, hay pocos casos de suma cero. Generalmente las negociaciones tienen tantas aristas que siempre es posible encontrar soluciones diferentes al todo o nada. Es posible encontrar algo significativo para cada una de las partes. Esta alternativa se llama colaboración, y ocurre cuando ambas partes obtienen un beneficio. Esto se conoce como el modelo ganar-ganar.

Por ejemplo, al vender un coche usado, si el trato es exitoso, tanto el comprador como el vendedor han ganado algo. El comprador tiene un coche a buen precio y el vendedor vendió su auto por un precio razonable. De igual forma, al lograr que un inversionista arriesgue su dinero en un proyecto, ambas partes han ganado algo, o no hubiera habido un trato.

La opción de colaboración (ganar-ganar) es casi siempre la más deseable. Es importante hacer un esfuerzo por encontrar un resultado de la negociación que sea benéfico para todos los participantes.

De no seguir una de las cinco alternativas planteadas, existen dos opciones no deseables que serían: el buscar la venganza o incluso llegar al extremo de buscar venganza, aunque eso signifique pérdida para ambas partes.

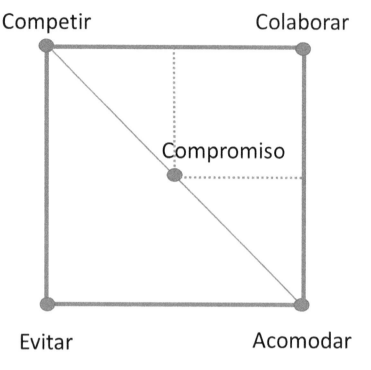

Figura 8.3.- Es preferible buscar la opción de usar la estrategia de colaboración (ganar-ganar). Fuente: [Rowe, 2002].

Minicaso - El Rey del Cabrito

El cabrito es una comida típica de Monterrey, una ciudad en el norte de México. Un restaurante donde sirven ese platillo se llama "El Rey del Cabrito". Una característica de ese restaurante es que las paredes están llenas de fotografías del dueño del restaurante posando con artistas famosos que han visitado el local.

El dueño considera que esas fotografías muestran la calidad de su establecimiento y constantemente está buscando personajes famosos en su restaurante para fotografiarse con ellos. El artista recibe la comida gratis, el dueño una fotografía más para agregar a su colección.

¿Cuánto le cuesta al artista tomarse una foto? ¿Cuánto le cuesta al restaurante regalar una comida? ¿Quién gana más con ese trato?

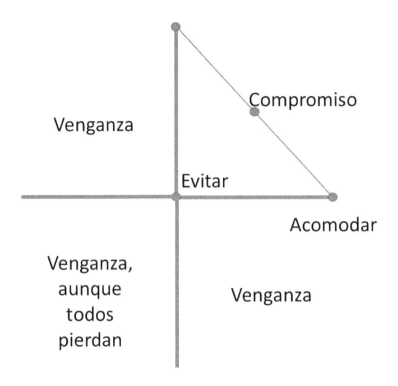

Figura 8.4.- La venganza, y la venganza, aunque ambos pierdan, son estrategias de negociación no deseadas. Fuente: [Rowe, 2002].

8.5.- El proceso de negociación

Una negociación se puede dividir en cinco pasos. En cada etapa hay actividades que pueden ayudar a mejorar las probabilidades de obtener un resultado satisfactorio. En esta sección se presentan solo algunas de las recomendaciones más generales a seguir para cada etapa. Las etapas son [Budjac, 2017]:

1. Preparación
2. Introducción
3. Inicio
4. Intensificación
5. Cierre

Preparación

La etapa de preparación ocurre antes de iniciar la negociación. Consiste en buscar toda la información del proceso, de nuestras necesidades y alternativas y de lo que busca la contraparte. Una negociación se gana antes de empezar a negociar.

Lo primero es definir qué es lo que se busca en términos de ganancia, relación, el yo y el proceso (GRIP) y anticipar lo que busca la contraparte. Es importante saber qué puntos se puede ceder y planear los argumentos y contraargumentos a utilizar. Se prepara una agenda y se crean planes de contingencia en caso de encontrar cambios durante el proceso.

Introducción

Los primeros segundos de la negociación definen el tono y estilo a seguir. En esta fase se presentan los participantes, intercambian sus datos (nombre, título, y puesto) y tratan de establecer su legitimidad y fuerza en la negociación. Detalles como el lenguaje corporal, la ropa, o el arreglo de las sillas en la reunión, puede afectar el proceso. Es importante tratar de reducir los puntos que den ventajas a la contraparte.

Inicio

Al comenzar a negociar, el primer paso es hacer preguntas para tratar de confirmar la información recopilada durante la fase de preparación y definir cuál de las estrategias planeadas dará mejores resultados. Algunas estrategias en esta etapa son:

- Comenzar con los asuntos más grandes y tratar los detalles pequeños más adelante
- No hacer la primera oferta a menos que no haya alternativa (si inicialmente pido $100 por mi producto, nadie va a decirme que ellos en realidad esperaban pagar $150)
- La primera posición debe ser lo mejor que se puede aceptar, las cosas no van a mejorar desde ese punto (si inicio pidiendo $100, lo mejor que puede pasar es que el precio se quede ahí, pero seguramente habrá presiones para reducir el precio)
- Ignore posiciones extremas (si alguien inicia pidiendo millones de dólares simplemente diga que esto es un trabajo serio y pida una oferta real)

Intensificación

En esta fase se afinan los detalles de la negociación y se define un trato final. Entre las tácticas útiles en esta fase están:

- No ceda a menos que su contraparte también lo haga, y mantenga el tamaño de sus cambios relativamente similar al de su contraparte. El tamaño de los cambios se debe reducir conforme avanza la negociación.
- Cuidado con proponer dividir la diferencia, se puede tomar como un nuevo punto de inicio y ya perdió la mitad del camino.
- Se puede tratar de distraer atacando puntos poco relevantes de la propuesta.
- Se puede intentar negociar en conjunto algunos puntos difíciles con puntos importantes para la contraparte.

Cierre

Una negociación no sirve si no se ha llegado a un acuerdo final. Hasta que se estrechan las manos o se firman los contactos, todo lo negociado se puede deshacer y cancelar. Algunas técnicas para facilitar esta etapa son:

- Crear presión de tiempo, para forzar un análisis corto.
- Ofrecer pequeñas concesiones, sobre todo en puntos poco relevantes pero valiosos para la contraparte.
- No es recomendable recurrir a un ultimátum o a amenazas de cancelarlo todo, a menos que se esté dispuesto a seguir con la amenaza (¿qué haría si amenaza con retirarse y le dicen que sí?).

8.6.- El proceso de ventas

Las personas normalmente no ven un producto y deciden comprarlo en ese momento. Especialmente para decisiones de inversión o soluciones industriales con altos costos. El proceso inicia cuando el cliente se entera de la existencia del producto, lo analiza, ve si la compra es conveniente, inicia la negociación y adquiere el producto. No todos los que ven el producto lo compran y el proceso no es instantáneo.

Desde el punto de vista del vendedor el proceso de llevar a un cliente desde cuando no conoce la existencia del producto hasta el punto donde se cierra el trato se conoce como el embudo de ventas (o sales pipeline en inglés). La idea es que un embudo tiene una entrada muy ancha y una salida más pequeña. Muchos clientes se enteran de la existencia del producto, algunos lo analizan, varios deciden comprarlo y quizá unos pocos cierren el trato.

El embudo de ventas es una forma visual de apreciar dónde están los clientes en el proceso, pronosticar la atención que requiere cada cliente y las ventas esperadas por período [Horowitz, 2021]. Para diseñar el embudo es importante dividir el proceso en etapas. Esto varía según el tipo de producto a vender. Un cliente pasa un tiempo en cada etapa y luego puede pasar a la siguiente, o salirse de la lista.

En el caso de la venta de un sistema de cómputo, el proceso puede tardar seis meses y el cliente pasa de ser alguien que vio el producto en una conferencia, recibe la visita de un representante de ventas, recibe una propuesta, negocia un contrato, y firma un contrato. Muchos clientes pueden ver el producto, si se sabe cuántos de ellos llamarán, y a cuántos de los que llaman terminan firmando un contrato, se puede calcular cuántas demostraciones y con qué frecuencia son necesarias para completar los objetivos de ventas de la organización.

En el caso del proceso de reclutamiento para una universidad, los alumnos potenciales ven la presentación de la universidad, llenan un formato indicando que están interesados, reciben información adicional y llenan la solicitud, completan el examen de admisión, son admitidos y se inscriben. El embudo, en este caso tendría, seis etapas, y duraría aproximadamente seis meses. Si, por ejemplo, se sabe que 20% de los que ven una presentación llenan un formato y 25% de los que llenen un formato terminan inscribiéndose, es posible estimar que, para completar un cupo de 100 alumnos de nuevo ingreso, es necesario hacer 20 presentaciones a grupos de 100 estudiantes potenciales.

Figura 8.5.- Ejemplo de un embudo de ventas. El cliente pasa de ser informado, a estar interesado, a negociar la compra, a completar la venta.

8.7.- Venta de soluciones

Una técnica para acercar los productos o ideas a los clientes y asegurar una venta consiste en encontrar al cliente que necesita el producto, y luego hacer la venta. Este proceso se llama Venta de Soluciones (o Solution Selling) [Bosworth, 1994].

La venta de soluciones parte de tres premisas:

1. Sin dolor no hay cambio.
2. Lo único que motiva a la gente a gastar dinero es una necesidad insatisfecha.
3. En mercados muy competidos, la ventaja está en el proceso de ventas, más que en el producto ofrecido.

Administrar el dolor

Se conoce como dolor a una necesidad insatisfecha. Sin embargo, no todos los clientes que tienen esa necesidad, están conscientes que requieren del producto. Esto se conoce como dolor latente. El trabajo del vendedor es convertir el dolor latente en un dolor y luego ese dolor en una visión (que se ajuste a las características, ventajas y beneficios del producto que se está ofreciendo).

Así el ciclo del dolor consiste en tres pasos:

1. Dolor latente
2. Dolor
3. Visión

En la cita del inicio del capítulo, cuando el personaje de la película "El Lobo de Wall Street" le pide a un compañero "véndeme esta pluma", el primer vendedor le dice que la pluma es bonita, lo que no convence. El vendedor que hace un mejor trabajo de ventas en le dice: "escribe tu nombre", a lo que la respuesta es "no tengo una pluma". Ahí está administrando el dolor, y la venta es automática.

Características, ventajas y beneficios

Al administrar el dolor, es importante que la visión que se cree coincida con el producto que se está ofreciendo. No tendría mucho sentido el trabajar para convencer al cliente que compre el producto de un competidor. Para ello es importante tener claras las características, ventajas y beneficios del producto que es ofrece.

Un ejemplo de esto sería que el sistema de depósito automático de sueldo del banco A es fácil de usar, es rápido, y cuesta muy poco.

Participe de la visión del comprador

Para guiar al comprador en la transición del dolor latente a la visión, Michael Bosworth presenta un modelo de nueve cajas que se puede seguir:

El proceso inicia con la primera columna preguntando cómo se hacen las cosas actualmente (identificar dolor latente). Luego se sigue con la segunda columna explorando los diferentes dolores que puede haber. Esta fase se repite tantas veces como dolores se hayan identificado (dolor latente a dolor). Finalmente se trabaja en la tercera columna culminando con la confirmación de la visión: "Por lo que entendí, si pudiera hacer (capacidades) usted solucionaría su (dolor)".

Minicaso: Pago de sueldos por depósito bancario

Para un vendedor de servicios bancarios, una empresa que paga sus sueldos usando sobres con efectivo es un cliente con un dolor latente. El trabajo del vendedor es convertir ese dolor latente en dolor. Esto se logra mostrando los costos de pagar con efectivo y los ahorros de pagar con depósito bancario. La idea es crear la visión en el cliente de que el/ella necesita un sistema de depósito bancario.

El siguiente paso es crear la visión. La frase a utilizar es: "imagínese cómo serían las cosas si tuviera …"

Si el cliente se visualiza con esa solución, lo que sigue es mostrar los servicios del banco y convencer al cliente que la solución que ofrece el banco A es la que mejor se ajusta a su visión. Luego de eso, el cliente es quien solicitaría el producto. La venta es automática.

	Diagnostique las Razones	Explore los Impactos	Visualice las Capacidades
Abra	¿Cómo hace usted actualmente?	Además de a usted, ¿a quién más alcanza ese (Dolor) ¿Cómo?	¿Cómo se ve usted usando…?
Controle	Hoy usted…	Este (Dolor) está causando también… Si es afirmativo, ¿No hay otras áreas que también están siendo afectadas?	Usted también está buscando una forma de… También ayudaría si usted tuviera medios de …
Confirme	Entonces, la manera en que usted procede hoy es …	Por lo que entendí entonces, ese (Dolor) acaba afectando también las áreas… de manera…	Por lo que entendí entonces, si usted pudiera (repetir capacidades), usted solucionaría su (Dolor)

Figura 8.6.- Modelo de las nueve cajas [Bosworth, 1994]

Algunas veces, el cliente ya tiene una idea de su visión, en ese caso el modelo de las nueve cajas se maneja un poco diferente en un proceso que se conoce como reingeniería de la visión.

Si el cliente tiene una idea de lo que necesita, la primera pregunta es ¿Cómo se ve usted usando xxx? En ese caso, el modelo inicia en la columna tres, para identificar la visión actual: "Explíqueme cómo se visualiza usando la solución X".

El secreto de la reingeniería de la visión consiste en conocer bien las diferencias entre la solución que se propone al cliente y la que este tiene en mente. Acto seguido, se trabaja sobre esas diferencias como los dolores a desarrollar. Esto se logra trabajando las columnas uno y dos, seguidas de la última caja de la tercera columna para afianzar la nueva visión (de nuestro producto).

Suponiendo que el cliente ya tiene en mente el sistema de pago de nómina por depósito del banco B, y que la principal diferencia entre el banco B y el A (que usted representa) es que A tiene más sucursales, entonces buscaría que el número de sucursales fuera un dolor importante, para forzar la visión a incluir, no solo el pago por depósito directo, sino también que sea en un banco con más sucursales. "Por lo que entendí, si pudiera hacer xxx pero el banco tuviera más sucursales, usted solucionaría su (dolor)".

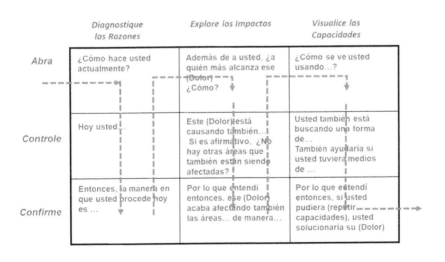

Figura 8.7.- Creando una visión [Bosworth, 1994]

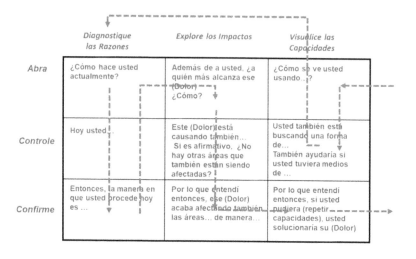

Figura 8.8.- Reingeniería de la visión [Bosworth, 1994]

8.8.- Resumen

- Cualquier interacción humana es una negociación y es algo que inconscientemente hacemos desde que nacemos, pero no todo es negociable.
- Los cuatro elementos de los objetivos de una negociación se pueden recordar con las siglas GRIP (por sus iniciales sen inglés) y son: (G) Ganancia, (R) Relación, (I) Yo, (P) Proceso.
- Hay diferentes estrategias de negociación: evitar, acomodar, competir y colaborar. Es preferible colaborar (ganar-ganar).
- El proceso de negociación consta de cinco pasos: Preparación, Introducción, Inicio, Intensificación, y Cierre.
- Una técnica para acercar los productos a los clientes y asegurar una venta, consiste en encontrar al cliente que necesita el producto, y luego hacer la venta. Este proceso se llama Venta de Soluciones (o Solution Selling).

8.9.- Ejercicios de repaso

Preguntas

- ¿Qué es una negociación?
- Menciona algunos elementos no negociables.
- ¿Cómo se determina qué es negociable?
- ¿Cómo se determinan los objetivos de una negociación?
- ¿Qué estrategias de negociación existen y cuándo se debe usar cada una?
- ¿Cuáles son los pasos del proceso de negociación?
- ¿Qué es el embudo de ventas?
- ¿En qué consiste la venta de soluciones?
- ¿Qué es administrar el dolor?
- ¿Cómo se puede hacer una reingeniería de una visión?

Ejercicios

1. Busca un clip de video de un programa de televisión llamado "El Precio de la Historia" ("Pawn Stars"), analiza los pasos de negociación que se siguen en alguna de las negociaciones del programa.
2. Busca una negociación y determina los objetivos GRIP de ambas partes.
3. Localiza un ejemplo de venta de soluciones.
4. Identifica un producto y un cliente con un dolor potencial al que se le pueda crear la visión del producto.
5. Define las características, ventajas y beneficios de un sistema de CRM.

Módulo IV

Calidad y Ética en Proyectos de Analítica

Capítulo 9

Principios Éticos

"Si eres un líder que dirige la conducta de la multitud, procura siempre ser virtuoso, que tu propia conducta sea sin defectos."

Las Instrucciones de Ptah-Hotep, Egipto, 2375-2350 antes de Cristo [Gunn, 1906]

9.1.- Objetivos de aprendizaje

- Valorar el costo para un directivo de pasar por alto los asuntos éticos.
- Saber por qué la tecnología representa nuevas situaciones y retos para la aplicación de los principios éticos.
- Entender cómo analizar y aplicar los principios éticos.
- Conocer los dilemas éticos más comunes para un emprendedor.
- Entender las responsabilidades éticas del emprendedor hacia los clientes, inversionistas, la familia, la sociedad y con uno mismo.
- Saber para qué sirven y cómo encontrar los códigos de ética de asociaciones profesionales.

9.2.- Costo de pasar por alto asuntos éticos en los negocios

Generalmente, cuando se definen las habilidades deseables de un experto en analítica de datos, se piensa en alguien que sabe de matemáticas y puede manejar equipo de cómputo. Si se tiene algo de conocimiento de la materia, la discusión podría incluir estadística, software, bases de datos e incluso hasta telecomunicaciones. Pero cuando se ha trabajado en el área por un tiempo, es fácil ver que el trabajo de un especialista en analítica también debe incluir temas sociales y éticos.

Hace algunos años, leíamos en las noticias que Travis Kalanick, el CEO de UBER, renunciaba a su puesto en la empresa que él ayudó a crear, en medio de alegatos de comportamientos poco éticos [BBC Mundo, 2017]. Poco después, Harvey Weinstein, un poderoso productor de Hollywood, fue despedido de su propia compañía y expulsado de la academia de artes y ciencias cinematográficas por presuntos avances inapropiados a actrices. Los Hashtags #metoo y #timesup habían nacido [BBC Mundo, 2017-2].

El fenómeno no terminó ahí. Dos años después, la empresa de comida rápida McDonald´s despedía a su CEO, Steve Easterbrook, por "mostrar pobre juicio al involucrarse en una relación consensuada con una empleada" [Weiner-Bronner, 2019].

Desafortunadamente tampoco es algo nuevo. En uno de los textos más antiguos, las Instrucciones de Path-Hotep, escrito entre 2375 y 2350 antes de Cristo, uno de los consejos que se dan a un futuro servidor púbico es: "mil hombres han sufrido la ruina por los placeres de un tiempo tan corto como un sueño" [Gunn, 1906].

Tampoco estos son los únicos problemas éticos que pueden costar carrearas. En 2016, el Departamento de Justicia de Estados Unidos señala a 12 países por haber recibido millonarios sobornos por parte de la constructora brasileña Odebrecht, a cambio de contratos [Matute Urdaneta, 2016]. Como resultado de las investigaciones, varios presidentes, ministros y legisladores de países en Centro y Sudamérica están siendo investigados o han terminado en la cárcel [Carranza, Robbins, y Dalby, 2019]

Hoy, el New York Times tiene una sección completa para tratar violaciones éticas en los negocios (https://www.nytimes.com/topic/subject/ethics) ¿Qué tan importante resultan ser los aspectos éticos para una empresa?

9.3.- La ética requiere mucho más que solo cumplir con la ley

Imaginemos que alguien compra un libro en una empresa en línea. Al comprar algo ahí, tiene que aceptar sus términos y condiciones. Eso lo hace checando un cuadro justo antes de completar la compra, y si no se marca ese cuadro no se puede completar la transacción. Casi nadie lee esos términos y muy probablemente uno de ellos dice es que la empresa puede compartir el nombre de sus clientes con otras empresas, incluso publicar la lista de libros que un cliente ha comprado. Muchas cláusulas están ahí para proteger legalmente a la empresa en caso de contingencias como ataques cibernéticos o fugas de información, pero normalmente no se espera que ejecuten esas cláusulas.

No es que el cliente promedio tenga algo que ocultar, pero si ellos hicieran pública la lista de compras de alguien, seguramente esa persona dejaría de comprar en esa empresa. Incluso si publicaran la lista de alguien más, muchos clientes dejarían de hacer negocio con esa organización pues, si publican la lista de otro cliente, ¿qué evita que me hagan lo mismo a mí? Esa actividad no sería ilegal, pero desde el punto de vista del cliente, violaría su derecho de privacidad, y lo podría considerar poco ético.

Quizá lo más interesante del tema es que las tendencias tecnológicas están planteando nuevas situaciones y preguntas que no habíamos tenido que enfrentar antes. Lo complicado es que hay actividades, perfectamente legales, que se pueden considerar poco éticas en ciertos casos y, eventualmente, dañar a la empresa.

¿Cómo se puede saber qué es correcto y conveniente, y qué no? ¿Cómo saber en qué casos una actividad es legal, pero no es ética? La sociedad apenas está empezando a abordar las cuestiones y dilemas éticos planteados por estos avances tecnológicos. El gobierno está empezando a aprobar leyes contra los delitos cibernéticos (el robo de identidad, por ejemplo), acoso, o intimidación (bullying), pero es difícil mantenerse un paso adelante de los delincuentes cibernéticos.

La ética en una sociedad de la información hace a cada persona responsable de sus actos. Cada persona es responsable de todo lo que haga, no importa qué tan anónima la acción puede parecer; y cada persona es responsable de las consecuencias que sus actos puedan infligir a otras personas y la sociedad en su conjunto.

9.4.- ¿Qué es la ética?

La ética se refiere a los principios del bien y el mal que los individuos, actuando con libre albedrío, utilizan para guiar sus comportamientos.

Una forma de pensar sistemáticamente en términos de principios éticos es siguiendo los pasos del análisis ético. Un proceso de cinco pasos es [Laudon, 2019]:

1. Identificar claramente los hechos
2. Definir el conflicto y los valores involucrados
3. Identificar a los participantes
4. Identificar las opciones que se pueden tomar
5. Identificar las consecuencias potenciales de dichas acciones

Una vez analizado las opciones, la norma ética a seguir dependerá de las circunstancias y la sociedad. Algunos principios o reglas éticas, válidas en diferentes culturas, que han sobrevivido el paso de los años son [Laudon, 2019]:

- **Regla de oro:** Haz a otros como quieras que te hagan a ti.
- **Imperativa categórica de Immanuel Kant**: si algo no está bien que se haga a todos, no se le debe hacer a nadie.
- **Regla de cambio de Descartes:** Si algo no se puede hacer repetidamente, no se debe hacer en absoluto.
- **Principio de utilitarismo:** Seleccione la alternativa que represente el mayor valor.
- **Principio de aversión al riesgo:** Tome la alternativa que implique menor daño o menor costo.
- **Regla ética "nada es gratis":** Todo cuesta y todo es propiedad de alguien, a menos que exista una declaración específica al respecto.

Al inicio del capítulo se mostró la importancia de mantenerse firme en los preceptos éticos. La mayoría de las empresas buscan utilidades por mucho tiempo. Es posible comprometer los valores éticos a cambio de una ganancia en el corto plazo, pero esas decisiones generalmente sacrifican las ganancias futuras pues hacen que se pierda la confianza en la organización. Sacrificar el futuro a cambio de una ganancia en el corto plazo puede resultar demasiado caro para una organización. Quizá por ello muchos entrevistadores buscarán identificar la sensibilidad ética de los posibles candidatos a puestos de trabajo. A nadie le gustaría contratar a alguien que piense que en los negocios "todo se vale".

Es importante que termines tu sistema pronto, porque nos permitirá hacer el trabajo con solamente 50 personas en lugar de las 100 que ocupamos hoy

Imagina que existe un proceso tan complejo que requiere de 100 personas para reunir datos y analizarlos. La información resultante es muy valiosa para la empresa pues de ella depende la planeación de la producción de cada año y por consiguiente su viabilidad futura. La empresa ha operado bien con su modelo actual, pero de pronto descubre que es posible fabricar un sistema de analítica de datos que puede producir los mismos resultados, con la misma calidad, pero requiriendo solamente el trabajo de 50 personas. Construir ese sistema significará que 50 personas perderán su empleo. ¿Es correcto que le pidan a alguien construir ese sistema? ¿Debe el analista aceptar el proyecto? ¿Cómo puede saber el analista cuál es el camino correcto?

9.5.- Códigos de ética

Para guiar a los profesionales de diferentes áreas en lo que su disciplina considera comportamiento ético, diferentes asociaciones han publicado códigos de ética aplicables a sus miembros.

Un lugar para investigar los códigos de ética de las asociaciones profesionales es en sus páginas de Internet. Algunos ejemplos son:

- AIS Code of Ethics and Professional Conduct, Association for Information Systems, https://aisnet.org/page/MemberCodeOfConduct [AIS, 2025]
- ACM Code of Ethics and Professional Conduct, Association for Computing Machinery, https://www.acm.org/code-of-ethics [ACM, 2018]
- IEEE Code of Ethics, Institute of Electrical and Electronics Engineers, https://www.ieee.org/about/at-a-glance.html [IEEE, 2025]
- Código de ética profesional, Instituto Mexicano de Contadores Públicos, http://imcp.org.mx/wp-content/uploads/2015/12/Codigo_de_Etica_Profesional_10a_ed1.pdf [IMCP, 2015]
- Código de ética del Institute for Management Consultants: https://www.imcusa.org/about/ethics/code-of-ethics/ [IMC, 2025]

En general, los códigos de ética se centran en obligaciones del profesional con sus clientes, con los sujetos de donde se originan los datos, con la sociedad y con la disciplina.

9.6.- Compromiso con los clientes

Un profesional es contratado, o sus servicios son solicitados, por un cliente. Este cliente puede ser una persona o una organización que requiere los servicios del profesional. Al aceptar un contrato se adquieren ciertas responsabilidades éticas entre el contratante y el contratado. Algunas de las más relevantes son las siguientes:

Hacer un buen trabajo

El primer compromiso es servir al cliente con integridad, competencia, independencia, objetividad y profesionalismo. Es importante esforzarse por lograr una alta calidad tanto en los procesos como en los productos del trabajo profesional, diseñando sistemas robustos, accesibles y seguros. Además de ser honesto y confiable.

Aclarar lo que se espera y lo que se puede producir
Al aceptar un compromiso de trabajo se debe hacer lo mejor por entender claramente lo que espera el cliente y por especificar lo que se puede entregar. Es crítico que solamente se acepten encargos para los que uno está calificado. Adicionalmente, es muy importante que el cliente entienda lo que podemos producir y aclarar sus expectativas.

Acordar una remuneración por el trabajo
Acordar la remuneración que se obtendrá por el proyecto y no aceptar comisiones o bonos de terceros en relación con el proyecto sin el consentimiento del cliente. Aclarar si se tienen intereses económicos o personales en productos o servicios recomendados o utilizados en el proyecto; como nuevas contrataciones, servicios profesionales adicionales, o tecnología bajo demanda, por ejemplo.

Acatar las leyes
No violar ninguna ley. Mantener siempre un comportamiento correcto acorde a las legislaciones vigentes, y no aceptar ni ofrecer sobornos de ninguna clase.

Respetar la confidencialidad de la información que se reciba o se produzca
Al trabajar con un cliente, muy probablemente se tenga acceso a información confidencial. Es importante resguardar la confidencialidad de toda información no pública a la que se tenga acceso y no utilizar esa información para nuestro beneficio personal ni en proyectos con otros clientes. Se deberán tomar las medidas razonables para asegurar que se protegerá la información confidencial a la que se tenga acceso.

Evitar conflictos de interés
Evitar caer en conflictos de interés, o la apariencia de estos, aclarando inmediatamente al cliente si eso llegara a ocurrir. Ofrecer retirarse del proyecto si uno considera que la objetividad o calidad del trabajo se puede ver afectada.

El círculo vicioso de los sobornos

Un día un analista recibe una llamada telefónica de alguien que le ofrece el equivalente dos veces su salario mensual a cambio de una copia de ese reporte que generó por la mañana para la gente de mercadotecnia. Son solo dos páginas y la gente ni siquiera da las gracias cuando lo recibe.

Imagina que el analista decide aceptar esa oferta. Al fin y al cabo, "quién se puede enterar, es solo una vez, y el dinero parece bueno".

Dos semanas después se recibe una llamada de otra persona, ofrece menos dinero y pide un reporte muy importante. Esta vez, analista se niega a participar, pero la voz al otro lado de la línea insiste y argumenta que, "si lo hiciste para A, por qué no hacerlo para B". Incluso llega a amenazar con difundir quién es el que está filtrando los datos en la empresa. En ese momento, el analista ya es presa de las personas al otro lado del teléfono. Se ha caído en un círculo vicioso que puede nunca parar.

¿Cuál es el precio que se paga por actuar sin ética una sola vez?

9.7.- Compromiso con los sujetos de investigación

Al utilizar información que se recibe de terceros se adquieren también responsabilidades con ellos. El caso más crítico es cuando esta información se debe recopilar directamente de personas (los sujetos de la investigación). En esos casos, existen estrictos protocolos y derechos de los participantes que se deben observar para evitar errores que se han cometido en el pasado como el abusar de los sujetos, forzar a la gente a participar o incluso llegar hasta la tortura.

El departamento de Health and Human Services del Gobierno de los Estados Unidos ha publicado las Políticas Federales para la Protección de Sujetos de Investigación [HHS, 2025]. Aunque muchos de los principios descritos en el documento se aplican a investigaciones médicas, algunos puntos son aplicables a cualquier participación de humanos como sujetos de investigación, como serían en estudios de mercado, de comportamiento o de preferencias. Entre los derechos de los sujetos que se aplican más a la analítica de datos están los siguientes:

Consentimiento informado:
Los participantes deben estar plenamente informados sobre el propósito, los procedimientos, los posibles riesgos y los beneficios del estudio antes de aceptar participar.

Participación voluntaria:
La participación en la investigación siempre debe ser voluntaria y las personas deben tener la libertad de rechazar participar, o retirarse en cualquier momento, sin penalización.

Derecho a la privacidad:
Los investigadores deben proteger la confidencialidad de los datos de los participantes y garantizar el respeto a su privacidad.

Protección contra daños:
Los investigadores deben minimizar los riesgos para los participantes y garantizar su seguridad y bienestar durante todo el estudio.

Derecho a la información:
Los participantes tienen derecho a ser informados sobre cómo se utilizarán y almacenarán sus datos.

Derecho de acceso, rectificación y restricción del tratamiento
Los participantes tienen derecho a solicitar una copia de sus datos personales, a rectificar datos inexactos y a restringir su tratamiento.

9.8.- Compromisos con la sociedad
Así como los sujetos de investigación poseen derechos, la sociedad en general también obtiene derechos de estudios realizados como por ejemplo los siguientes:

Respeto a los derechos y dignidad humanas
El proyecto de analítica debe abogar por proteger a los sujetos de investigación y respetar sus derechos, siguiendo las guías acordadas por las autoridades competentes (como se discute arriba)

Integridad científica en la recopilación y manejo de los datos

Los estudios deben usar datos válidos, de los que se tenga derecho de uso y que hayan sido recopilados por medios éticos. No se debe trabajar con datos que se sabe son erróneos o sesgados, ni con datos obtenidos por medios poco éticos (ya sea violando algún derecho humano o mediante robo).

Integridad moral del investigador

Se espera que el investigador respete las leyes vigentes y no ofrezca ni acepte sobornos de ninguna clase para modificar los datos ni los resultados.

Un analista debe mantener y respetar sus compromisos con la familia y como miembro de la sociedad

Otro elemento importante en las decisiones de un analista es su vida personal y familiar. Una parábola que ilustra bien este ejemplo la mencionó Bryan Dyson, antiguo CEO de Coca-Cola, en el discurso de graduación de Georgia Tech el 6 de septiembre de 1991. Donde explica la importancia de no descuidar la vida personal, la salud, los amigos y el espíritu, porque una vez dañados, son difíciles de enmendar.

La importancia de la familia: una bola de cristal rota es difícil de reparar

"Imagina la vida como un juego en el que estás malabareando cinco pelotas en el aire. Estas son: tu trabajo, tu familia, tu salud, tus amigos, y tu vida espiritual - y tú las mantienes todas en aire.

Pronto te darás cuenta de que el trabajo es como una pelota de goma. Si la dejas caer, rebotará y regresará. Pero las otras cuatro pelotas: familia, salud, amigos, y espíritu, son frágiles, como de cristal. Si dejas caer una de estas, irrevocablemente saldrá astillada, marcada, mellada, dañada e incluso rota. Nunca volverá a ser lo mismo. Debes entender eso, y buscar mantener un balance en tu vida."

Bryan Dyson, Discurso de graduación de Georgia Tech el 6 de septiembre de 1991, [The Georgia Tech Wistle, 1991].

9.9.- Compromisos con la disciplina

Se espera un comportamiento ético de los analistas

Cuando un analista se comporta con poca ética, su mal comportamiento puede no solo afectar su reputación, sino también la de la disciplina en su totalidad. Por ejemplo, si para recopilar datos se utiliza una encuesta donde a los participantes se les garantiza anonimidad, y se llegaran a filtrar datos individuales que puedan dañar a algún participante, nadie querría participar en investigaciones futuras por más confidencialidad que estas ofrezcan.

Productos (programas y resultados) tan correctos como sea posible

Del mismo modo, cuando un analista produce programas que artificialmente entregan respuestas equivocadas o maquillan artificialmente los resultados para favorecer intereses de algún grupo, todos los analistas pierden algo de su credibilidad.

El problema con la analítica de datos es que algunas veces, pequeñas desviaciones en la forma de recolectar o analizar la información pueden producir grandes diferencias en los resultados. Una pregunta mal formulada, o aplicar la fórmula equivocada a una serie de números, puede hacer que los resultados se inclinen en una dirección diferente a la realidad. Algunas veces esos errores son involuntarios, otras son desviaciones mal intencionadas para engañar al público o a inversionistas.

Un analista poco competente y uno poco ético son igualmente peligrosos para la sociedad y para la disciplina en su conjunto. Es importante trabajar por aprender lo más posible de la disciplina y mantener siempre los más altos estándares de comportamiento, tanto para el bien individual como para el de todos los profesionales en esta línea de trabajo.

9.10.- Resumen

- El trabajo de un especialista en analítica de datos también incluye considerar temas legales y éticos.
- La ética se refiere a los principios del bien y el mal que los individuos, actuando con libre albedrío, utilizan para guiar sus comportamientos. Hay actividades, perfectamente legales, que se pueden considerar poco éticas en ciertos casos y, eventualmente, dañar a la empresa.
- Es posible comprometer los valores éticos a cambio de una ganancia en el corto plazo, pero esas decisiones generalmente sacrifican las ganancias futuras, lo que puede resultar demasiado caro para una organización.

- En un nuevo emprendimiento, se tienen responsabilidades con los clientes, con los inversionistas, con los empleados, con el producto, con la sociedad, con la familia, y con uno mismo.
- Una forma de pensar sistemáticamente en términos de principios éticos es siguiendo los pasos del análisis ético.
- Para guiar a los profesionales de diferentes áreas en lo que su disciplina considera comportamiento ético, diferentes asociaciones han publicado códigos de ética aplicables a sus miembros.
- Existen obligaciones del profesional con sus clientes, con los sujetos de donde se originan los datos, con la sociedad y con la disciplina.

9.11.- Ejercicios de repaso

Preguntas

1. ¿Qué es ética?
2. ¿Cómo se resuelven los dilemas éticos?
3. ¿Por qué es importante comportarse éticamente con los clientes?
4. ¿Qué es un código de ética?
5. ¿cuáles son los principales compromisos que adquiere un analista con su cliente?
6. ¿Cuáles son los principales derechos de un sujeto de investigación en un estudio?
7. ¿Por qué se dice que un analista tiene obligaciones con la sociedad?
8. ¿Por qué es importante la vida familiar y personal de un especialista en analítica de datos?

Ejercicios

1. Encuentra un caso de violaciones éticas en una empresa que se haya publicado en la prensa
2. Busca un dilema ético al que se haya enfrentado una empresa y describe el dilema y la forma en la que se solucionó
3. Investiga un caso de una empresa que haya perdido la confianza de sus clientes por haber cometido alguna violación a principios éticos
4. Consulta el código de ética de alguna asociación profesional, ¿Cuáles son sus puntos principales?

Capítulo 10

La Ética en la Analítica de Datos

"Si torturas los datos lo suficiente, la naturaleza siempre confiesa"

R.H. Coase, "How Should Economists Choose?" [Coase, 1981]

10.1.- Objetivos de aprendizaje

- Entender que pequeñas variaciones en la forma de capturar o manipular los datos pueden producir enormes diferencias en los resultados.
- Entender que las pequeñas variaciones pueden ser el producto de errores o de actos mal intencionados y que hay que evitar ambos.
- Conocer los diferentes tipos de datos y el proceso que se puede hacer con cada uno.
- Apreciar la importancia de seleccionar una muestra representativa y no sesgada.
- Reconocer que la forma en que diferentes métodos de presentación de los datos pueden influir en su percepción por los usuarios finales.
- Conocer algunos pasos a seguir y preguntas qué hacer para minimizar los errores y fraudes en la analítica de datos.
- Entender los diferentes tipos de reportes de negocio y su utilidad para la empresa.

10.2.- ¿Pueden los números mentir?

Cuando se piensa en comportamiento poco ético, pocas veces se mencionan a las ciencias exactas. El consenso es que los números no pueden mentir. Sin embargo, algunas veces por desconocimiento, otras por error y algunas más por mala fe, una serie de datos se puede acomodar para decir casi cualquier cosa. En las palabras de George Orwell, en su libro *1984* "dos y dos podían haber sido lo mismo tres que cinco, según se hubiera necesitado". [Orwell,1949]

Basta con ver los resultados de las encuestas de los partidos políticos en los días antes de las elecciones. Casi siempre, el partido que publica la encuesta va adelante en las preferencias populares y se ve como el claro triunfador, aunque es lógico pensar que solo uno de los candidatos puede ganar la elección. [Ramos, 2024; Llaneras, 2024; Camhaji, 2024]

Generalmente uno puede ver los cálculos en cada encuesta y encontrar que son totalmente legítimos. Entonces, ¿por qué hay tanta diferencia en los resultados? Y la respuesta es porque pequeños cambios con la forma en la que se reúnen los datos o la forma de analizarlos pueden provocar enormes diferencias en los resultados que estos arrojan.

Algunas veces es posible forzar esas diferencias en metodología para obtener los resultados deseados, otras veces son pequeños errores los que pueden provocar la diferencia. Ahí la importancia de entender cómo se comenten esos errores para poder identificarlos y evitarlos.

En 1954, Darell Huff, publicó un pequeño libro titulado "Como Mentir con Estadística" [Huff, 1954]. El libro sigue en circulación y es altamente estudiado en cursos de estadística, no porque la gente quiera aprender a hacer trampas, sino para aprender a reconocerlas y evitarlas.

Aunque el libro tiene algunos ejemplos típicos de la sociedad de mediados del siglo XX, los principios estadísticos aplicados son universales y siguen teniendo validez. Lo más estresante es que más de setenta años después de su publicación, seguimos viendo mensajes publicitarios y estudios estadísticos cometiendo los mismos "errores".

10.3.- Diferentes tipos de datos requieren diferentes estadísticas

Lo primero que hay que entender es que las herramientas estadísticas tienen ciertas limitantes y algunas veces funcionan solamente con cierto tipo de dato. Por ejemplo, si en una habitación hay un abogado, un ingeniero, un médico, y un bombero ¿cuál es la profesión promedio?

Entender el poder de las herramientas estadísticas requiere analizar los diferentes tipos de datos que existen. Una taxonomía de los datos puede ayudar a entender las diferencias y lo que se puede hacer con cada uno [Sharda, Denle, & Turban, 2017].

Los datos estructurados se pueden analizar usando fórmulas estadísticas, aunque no todas funcionan para todos los tipos de datos.

Los datos nominales describen cierta característica de la entidad a estudiar como marca, color, o profesión. No tienen un orden específico, Rojo no necesariamente viene antes que el verde, así como una marca de autos no aparece antes que otra. Este tipo de datos se puede resumir usando frecuencias o porcentajes, pero nunca con promedios.

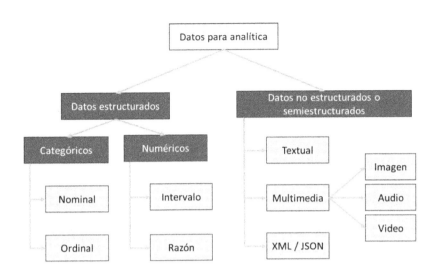

Figura 10.1.- Taxonomía de los datos. Fuente: Shadra, Denle & Turban, 2018.

Las variables ordinales sí conllevan un orden, pero no aclaran la distancia entre cada punto. Una persona puede preferir una marca de refresco sobre otra, pero no hay un número que describa esa diferencia en preferencias. De la misma forma puede haber poca diferencia entre satisfecho y muy satisfecho, pero existir una brecha muy grande entre satisfecho y no satisfecho. Este tipo de variables se pueden reportar como frecuencias, y algunas veces como promedio.

Las variables numéricas de intervalo o razón tienen orden y una distancia uniforme entre cada una, como ventas, producción, sueldo, tiempo, edad, o tamaño. Este tipo de variables permite calcular su promedio, media, mediana, o variación estándar, y está abierta a una mayor variedad de pruebas estadísticas.

Por otra parte, los datos no estructurados requieren análisis más complejos como análisis de frecuencia de opiniones, o análisis de sentimiento.

¿Nacen más niños o niñas en este hospital?

Un hospital decide llevar estadísticas de cada bebé que nace en sus instalaciones. Una asistente de enfermería registraría en una tarjeta el nombre de la madre, género del bebé, su peso, medidas, la hora del parto y el médico responsable. Las tarjetas serían capturadas en una tabla de Excel y mensualmente se realizaría un reporte de los nacimientos en el hospital que se entrega al director del hospital y al consejo directivo.

El consejo directivo está confundido. El primer reporte que recibieron de este nuevo sistema dice que el peso promedio de un recién nacido en el hospital fue de tres kilos cuatrocientos gramos, pero que el género era 23. ¿Qué significa ese número? ¿Qué información debería contener el reporte a la dirección?

10.4.- La forma de elegir una muestra puede sesgar los resultados

Como se menciona al principio de este libro, algunas veces es imposible o muy caro analizar a toda la población, por lo que se elige un subgrupo (una muestra) y se asume que los resultados de ese grupo representan los resultados de la población en su totalidad. El problema es que la muestra seleccionada debe ser **representativa** de la población (de un tamaño suficiente para representar a todos y elegida de diferentes partes para asegurar que no sean todas las muestras seleccionadas con alguna característica en común que las haga diferentes del resto del mundo.

Por ejemplo, si se quiere determinar la edad de las personas que asisten a una sala de cine y se encuesta a los que asisten a la matiné del domingo por la mañana, la edad promedio será mucho menor de aquellos que asisten a la función de medianoche. Una muestra más representativa se obtendría preguntando la edad a algunas personas que asistan en cada función durante una semana.

Algunas veces, la forma de buscar los datos, o el lugar donde se recopilan puede sesgar la muestra. Una encuesta telefónica incluye solo a aquellos que tienen un teléfono. Una encuesta en una reunión sindical incluye solo a empleados asociados al sindicato.

10.5.- Incluso los resultados poco probables alguna vez tienen que aparecer

Imagine que al tratar de encontrar la edad promedio de los asistentes a la sala de cine se decide preguntarle la edad a la persona número seis que entre a cada función. El resultado debería ser el promedio de todas las personas que visitan la sala. Supongamos que por azares del destino la persona número seis en cada función resulta que tenía 90 años. Puede suceder, aunque sea poco probable. Los resultados estadísticos siempre tienen un margen de error.

Imagine ahora que quiere argumentar que una moneda está cargada. Puede arrojarla diez veces y alguna vez obtendrá cinco resultados de un lado y cinco del otro, pero en ocasiones podría obtener seis y cuatro o siete y tres. Una de cada quinientas doce pruebas puede salir nueve de un lado y una del otro. Si se graban todas las pruebas y solo se muestra aquella con los resultados de interés se puede argumentar el punto, pero no se estaría actuando con ética.

Es importante siempre analizar de dónde viene la muestra, cómo se seleccionó, y cuántas pruebas se realizaron antes de publicar los resultados.

Nueve de cada diez gatos prefieren esta marca de comida

En un comercial de televisión se muestran dos grupos de platos con comida para gatos. El primer grupo contiene comida de la marca del anuncio, mientras que el segundo grupo contiene lo que parece ser comida de otra marca. En el comercial, se liberan diez gatos que corren hacia los platos de comida. Nueve de ellos empiezan a comer de los platos del patrocinador, mientras que solo uno elige un plato de otra marca. ¿Qué podemos concluir de este comercial? ¿Será verdad que noventa por ciento de los gatos preferirían la comida del patrocinador? ¿Qué hay que preguntar al productor del comercial para validar los argumentos del anunciante?

10.6.- La forma en la que los humanos perciben la información afecta su entendimiento

Otra forma de cometer errores (o falsear información) es aprovechar la forma de percepción humana de diferentes modelos de presentar los datos. Por ejemplo: El promedio de ventas de un producto es de 10,000 unidades al mes, sin embargo, el mes 1 se vendieron 9,980 unidades y el mes dos se vendieron 9,950 unidades. En una gráfica normal, no se notaría la diferencia, pero si se quiere argumentar una crisis, se puede hacer un acercamiento a la diferencia y mostrarla como algo más significativo.

La figura 10.2 muestra las ventas del primer trimestre. Los datos de las dos gráficas son los mismos, excepto que la primera gráfica usa una escala que va de cero a 10,200, mientras que la segunda gráfica presenta una escala que se concentra solamente entre el 9920 y el 10010. Si se quisiera argumentar una crisis habría que presentar la segunda gráfica, mientras que la primera gráfica muestra variaciones poco significativas.

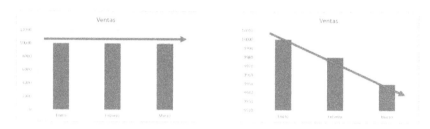

Figura 10.2.- Dos formas de presentar los mismos datos en una gráfica de barras

Otra forma de influir en la percepción es usando figuras bidimensionales para representar tamaños. Supongamos que la producción en la zona A es de 5000 cabezas de ganado, mientras que en la zona B la producción es de 3000 cabezas. Usando barras se puede ver la proporción entre las dos áreas, mientras que, si se usan figuras, las diferencias se exageran pues el cerebro ve las figuras por su volumen, no su altura por lo que la diferencia percibida es superior.

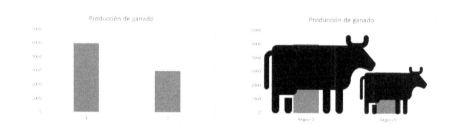

Figura 10.3.- Dos formas de presentar los mismos datos con y sin figuras bidimensionales

10.7.- Cómo evitar caer en errores estadísticos

El último capítulo del libro de Huff "Como Mentir con Estadísticas" [Huff, 1954] discute cómo responder ante argumentos con métodos o procesos estadísticos equivocados. Presenta ocho pasos y preguntas que nos debemos hacer para asegurarnos que los resultados representen la realidad y no lo que alguien quiera que veamos. Los pasos son:

Buscar muestras autoseleccionadas

Algunas veces las personas que deciden participar en un estudio lo hacen por ciertas razones, en esos casos, los resultados pueden mostrar las preferencias de ese subgrupo, mas no del total de la población.

Buscar sesgo en la muestra

¿Se eligió la muestra al azar o se eligió un grupo de conveniencia para el estudio? ¿Por qué se recopilaron los datos en ese lugar o en esa hora?

Busca instrumentos sesgados

Es posible que la forma de preguntar provoque que los participantes respondan de cierta forma. Qué respuesta cree que se obtendría si la pregunta es ¿Se lava usted las manos antes de comer, o es una persona sucia que no lo hace?

¿Quién lo dice?

Así como una muestra puede ser sesgada, si se pide una opinión a alguien, ¿cómo sabemos que esa persona es un experto en la materia, o tiene derecho de opinar en el tema?

¿Cómo sabe?

Al realizar una encuesta, ¿qué pasa si el encuestado no tiene la menor idea de lo que se está hablando? ¿tienen sus respuestas algún valor?

¿Qué no me han dicho?

¿Cuántas pruebas se hicieron? ¿Cuántas pruebas se descartaron antes de elegir la que están mostrando? ¿Quién más ha hecho estos estudios y qué ha encontrado?

¿Seguimos hablando de lo mismo?

Algunas veces, si no se puede probar algo, se puede tratar de probar otra cosa y argumentar que es lo mismo. Por ejemplo, si argumenta que este jabón mata al 99% de los gérmenes, ¿significa que es un buen jabón? ¡qué tan peligrosos son los gérmenes que no mata? ¿dónde se hizo la prueba? ¿son los resultados de pruebas de laboratorio igual a lo que ocurriría en mis manos?

¿Tiene sentido?

La última prueba es si los resultados tienen sentido. Si los resultados parecen increíbles, es mejor que tengan datos muy sólidos para demostrar que son reales.

10.9.- Reportes de negocios

El producto final de casi todos los sistemas de analítica con los reportes. Un reporte es cualquier instrumento de comunicación utilizado para transmitir información específica. Este se puede utilizar para proveer información, apoyar decisiones, asegurar el funcionamiento correcto de una organización, persuadir a otros para que actúen, o simplemente para mantener un registro de actividades.

Un reporte de negocios es un reporte que contiene información relevante para una organización. Este puede contener información textual, gráficas o tablas, y puede presentarse en diferentes formas, ya sea electrónico o en papel.

Hay diferentes tipos de reportes [Sharda, Denle, & Turban, 2017]:

Reportes de métricas administrativas

Ayuda a controlar el desempeño de una organización presentando métricas como SLA's para usos externos y KPI's para uso interno. Puede ser usado como parte de los procesos de Six Sigma y/o Administración de Calidad Total (TQM).

Reportes tipo dashboards

Representaciones gráficas de varios indicadores de desempeño en una sola página o pantalla usando medidores o minigráficos.

Reportes tipo Balance Scorecard

Incluyen información financiera, de clientes, de procesos de negocio, e indicadores de crecimiento y aprendizaje organizacional.

10.9.- Resumen

- Pequeñas variaciones en la forma de capturar o manipular los datos pueden producir enormes diferencias en los resultados. Esas variaciones pueden ser el producto de errores o de actos mal intencionados. Es importante evitar ambos casos.
- Hay diferentes tipos de datos y cada uno puede utilizar métodos estadísticos diferentes. Tratar de aplicar un método equivocado puede producir resultados erróneos.
- Al realizar un estudio y elegir una muestra de la población para análisis, es importante que la muestra no sea sesgada ni el producto de autoselección.
- Otra forma de alterar los resultados es haciendo muchas pruebas y solo seleccionando aquellas que convengan. En un modelo estadístico, todos los resultados son posibles si se hacen suficientes pruebas.

- Otra forma de influir en la interpretación de los resultados es presentando la información de forma que se perciban diferente por los usuarios. Usar gráficas con escalas diferentes o usar figuras bidimensionales para mostrar diferencias unidimensionales pueden afectar la percepción del usuario final.
- Hay algunos pasos y preguntas que nos podemos hacer para reducir la probabilidad de errores o fraudes en estudios de analítica de datos.

10.10.- Ejercicios de repaso

Preguntas

9. ¿Qué tan apropiado es el argumento de que, si se torturan los datos lo suficiente, estos confesarán lo que sea?
10. ¿Qué son los datos estructurados?
11. ¿Qué tipo de datos se dice que son no estructurados o semiestructurados?
12. ¿Qué tipo de estadística se puede usar para datos ordinales?
13. ¿Qué tipo de estadística funcionaría con datos de razón?
14. ¿Qué es una muestra sesgada?
15. ¿Por qué diferentes formas de presentar información pueden influir en la forma en la que las personas entienden los resultados?
16. ¿Cómo podemos evitar caer en errores o ser víctimas de fraudes con el mal uso de la estadística?
17. ¿Qué es un reporte de negocios?

Ejercicios

5. Encuentra tres ejemplos de cada tipo de dato estructurado.
6. Busca una gráfica reportando datos nominales
7. Busca una gráfica reportando datos de intervalo o de razón
8. Encuentre tres ejemplos de muestras sesgadas en reportes de la vida real
9. Busque algún comercial de televisión donde se argumente algo presentando pruebas de algo diferente
10. Busca una gráfica que trate de exagerar diferencias normalmente poco relevantes
11. Encuentra un ejemplo de un reporte de métricas administrativas, otro de tipo dashboard y uno más de tipo balanced scorecard.

Capítulo 11

Protección de Capital Intelectual

"Luego vinieron las leyes de patentes. Comenzaron en Inglaterra en 1614; y en este país con la adopción de nuestra constitución. Antes de ellas, cualquier hombre podía usar de forma inmediata lo que cualquier otro había inventado; y por tanto el inventor no tenía ninguna ventaja especial sobre su propia invención. El Sistema de patentes cambio esto, asegurando al inventor el uso exclusivo de su invención durante un período de tiempo limitado y por tanto añadiendo el combustible del interés al fuego del genio, en el descubrimiento y producción de cosas nuevas y útiles."

Abraham Lincoln, "Second Lecture on Discoveries and Inventions",1859.

11.1.- Objetivos de aprendizaje
- Entender en qué consiste la propiedad intelectual y por qué es importante protegerla y respetarla.
- Entender qué es y cuáles son los elementos de un contrato.
- Conocer qué es una patente y qué tipo de protección otorga.
- Saber qué es el derecho de autor y los derechos que confiere.
- Definir las características de un secreto industrial.
- Conocer el alcance y componentes de un acuerdo de confidencialidad.

11.2.- En qué consiste el capital intelectual
El capital intelectual es el conjunto de los recursos de información que tiene una empresa y que se pueden usar para generar ingresos, adquirir nuevos clientes, crear nuevos productos, o mejorar el negocio [Chen, 2021]. Esto generalmente se refleja en los libros contables de la empresa como la diferencia entre el valor de sus activos y el valor total de la empresa; registrándose en los renglones de activos intangibles.

Algunas veces, el proteger legalmente el capital intelectual permite que este sea más visible para facilitar el financiamiento de la empresa o atraer a inversionistas potenciales. Otras veces es importante proteger el capital intelectual para mantener una diferenciación con los competidores y para garantizar que se pueda explotar comercialmente ese desarrollo.

Una empresa nueva, o un startup, generalmente obtiene su competitividad mediante la innovación en campos específicos [Xiao & Zao, 2017]. Soluciones creativas e innovación pueden proporcionar la diferenciación necesaria en un mercado competitivo, pero puede ser necesario el proteger ese capital intelectual para permitir que esa diferenciación se convierta en una ventaja duradera [Fujiwara, MacLellan, y Topham, 2022].

Existen instrumentos como patentes y derechos de autor que se pueden usar para proteger el capital intelectual. Sin embargo, para ser sujeto de protección legal, este debe ser nuevo (que no existía antes), útil (que proporcione un beneficio de negocio), no obvio (para una persona normal versada en el campo) y que no esté en el dominio público (que no se haya dado a conocer o publicado con anterioridad).

Algunas veces, si no se puede, o no se quiere pasar por el proceso de protección legal, es posible optar por guardar la propiedad intelectual como un secreto industrial, o incluso publicarlo para que forme parte del dominio público y así evitar que un competidor lo patente o registre.

Los asuntos legales, aunque parezcan lejanos de una innovación tecnológica, pueden representar la diferencia entre el éxito y el fracaso de una iniciativa. Fallas al proteger el capital intelectual puede causar la pérdida de competitividad de la organización y matar un proyecto aún antes que este inicie. Por otra parte, el no revisar a detalle todas las cláusulas de un contrato, o no respetar los derechos de autor, puede llevar a juicios, pérdidas millonarias y hasta órdenes de aprehensión para algunos de los ejecutivos de la organización.

Nadie es inmune a las consecuencias de interpretaciones de temas legales. Así ocurrió en el caso del proyecto de IBM con la Procuraduría de General de Justicia del Distrito Federal, que en 1998 llevó a la compañía a pagar 37.5 millones de dólares, luego de un juicio y órdenes de aprehensión giradas a tres altos ejecutivos de IBM y 19 ex funcionarios de la dependencia [Ortiz Moreno, 1998; DiarioTI, 1998].

Aunque ningún libro puede reemplazar el consejo de un profesional en derecho, al menos es importante estar consciente de los elementos que se deben tomar en cuenta y las alternativas disponibles para proteger el capital intelectual de una organización y cuidar sus elementos distintivos.

11.3.- Contratos

Las relaciones y acuerdos que ocurren entre personas (ya sean físicas o morales) en México se regula por el Código Civil Federal. Este documento trata temas como matrimonios, uso y posesión de bienes, y contratos, entre otros.

El artículo 1792 dice que un contrato es un convenio de dos o más partes para producir o transferir obligaciones o derechos. [Cámara de Diputados del H. Congreso de la Unión, 2021]. En un contrato se ofrece y acepta una obligación mutua, entre varias partes, legalmente competentes para entrar en el acuerdo.

Los elementos legales, componentes, interpretaciones y alcances de un contrato son materia del Derecho Civil y están fuera del alcance de esta sección. Aquí se busca solamente presentar los conceptos y elementos principales.

La idea central atrás de un contrato es que, si ya hay un acuerdo entre dos partes que dice que se va a hacer algo, y se formaliza esto en un contrato, ninguna de las partes podrá retractarse o hacer algo distinto (a menos que eso está contemplado en los términos del contrato). Si se violaran esos términos, la parte ofendida podría, en un caso extremo, llevar a la corte al ofensor, y si se han violado los términos, la corte puede obligar a las partes a cumplir con lo pactado. Por lo tanto, si hay un contrato, uno puede esperar que se cumplirá con lo dicho sin necesidad de más trabajo, pues de no hacerlo se le puede forzar a las partes a cumplir con lo pactado y además incurrir en costos legales.

El objetivo final de un contrato es que nunca se tenga que utilizar y que las partes cumplan con lo estipulado, de esta forma se puede tener una interacción más sencilla y esto ahorra recursos para todos los participantes.

Un contrato puede ser escrito o verbal, sin embargo, para poder probar su existencia ante una corte, es importante que exista prueba irrefutable de sus términos, y esto se logra más fácilmente con un contrato escrito.

En un contrato hay dos elementos principales:

- Consentimiento
- Y un objeto que pueda ser materia de un contrato

En nuestra cultura (y en la mayoría de los países) el consentimiento se demuestra firmando el documento del contrato. La mayoría de las veces, la firma es autógrafa (escrita a mano) en un papel donde están las cláusulas del contrato. Si se quiere asegurar que el contrato firmado no se ha modificado, algunas operaciones requieren que se coloque una inicial en cada hoja del contrato.

El acto de firmar un contrato significa que se está de acuerdo con todo lo que dice el documento, tal y como lo dice. Si hay un error o no se quiere aceptar una cláusula, es mejor no firmarlo hasta que se corrija o elimine la cláusula del desacuerdo.

El objeto del contrato puede ser un bien o un servicio. Hay diferentes tipos de contratos, por ejemplo:

- Compraventa: el vendedor ofrece un bien y el comprador acuerda paga por este.
- Arrendamiento: El arrendador permite el uso de un bien al arrendatario quien paga una renta por ese uso.
- Empleo (prestación de servicios): Donde un patrón ofrece a un empleado la oportunidad de realizar un trabajo a cambio de un pago.
- Otros como: Permuta, Donación, Mutuo (préstamo), Comodato, Depósito, etc.

Normalmente un contrato tiene tres secciones principales: Identificación de las partes, cláusulas, y firmas. La primera parte presenta a los participantes, identifica quién está firmando el contrato y muestra que son legítimos representantes de la empresa a quien representan o que legalmente se pueden representar a sí mismos.

La segunda parte incluye los elementos del contrato: objetivo, duración, compromiso de cada parte, y lo que ocurre si una de las partes no cumple, entre otros.

La tercera parte incluye las firmas (generalmente autógrafas) de los participantes. Algunas veces también se incluyen las firmas de avales, que prometen asumir las responsabilidades de alguna de las partes en caso de incumplimiento, y de testigos, que son personas que certifican que el contrato se firmó sin presiones y por personas calificadas y autorizadas para hacerlo.

11.4.- Patentes

La idea de la protección de una patente es que un inventor que ha dedicado parte de su vida a crear un nuevo dispositivo, desarrollar un nuevo procedimiento, o un producto innovador, pueda obtener ganancias por su invento.

Una patente es un derecho exclusivo otorgado sobre un invento, que es un producto o un proceso que proporciona, en general, una nueva forma de hacer algo, u ofrece una nueva solución técnica a un problema. Para obtener una patente, la información técnica sobre el invento debe divulgarse al público en una solicitud de patente [WIPO, 2025].

Una patente otorga derechos de uso exclusivo al inventor generalmente por un período de 20 años a partir de la fecha de solicitud. La patente la otorga un país y es válida únicamente en su territorio [USPTO, 2025]. El solicitante debe tramitar una patente en todos los países donde planee aprovechar su invento.

Una patente protege inventos, mecanismos, productos, procesos o soluciones, etc. que cumplen con tres criterios [IMPI, 2013]:

1. **Novedad:** Se considera nuevo, todo aquello que no se encuentre en el estado de la técnica, es decir, en el conjunto de conocimientos técnicos que se han hecho públicos mediante una descripción oral o escrita, por la explotación o por cualquier otro medio de difusión o información, en el país o en el extranjero.
2. **Actividad Inventiva:** Es el proceso creativo cuyos resultados no se deduzcan del estado de la técnica en forma evidente para un especialista en la materia.
3. **Aplicación Industrial:** Es la posibilidad de ser producido o utilizado en cualquier rama de la actividad económica.

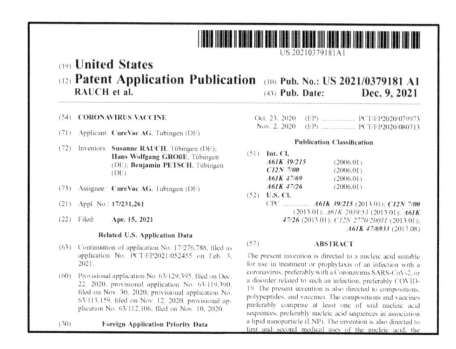

Figura 11.1.– Solicitud de patente en Estados Unidos para vacuna contra Coronavirus. Fuente: USPTO [2021]

Durante la vida de la patente, el inventor puede licenciarla o venderla a quien considere conveniente. Al expirar los 20 años de protección, la patente puede ser aprovechada por cualquiera sin restricción, es decir, cualquiera puede fabricar le producto sin tener que pagarle a nadie. El hacer público el contenido de la patente muestra el producto que está protegido, pero también sirve para inspirar mejoras tecnológicas o nuevos productos a otros inventores.

Un lugar donde se pueden consultar patentes es en sitio de Internet de la Oficina de Patentes de los Estados Unidos (www.USPTO.gov). Otro sitio donde se pueden consultar documentos de patentes es en Google Patents (https://www.google.com/?tbm=pts).

Algunas patentes dejan de ser útiles antes del final de su validez, por ejemplo, cuando alguien inventa un producto superior que deja obsoleto al original. Otras patentes siguen siendo útiles incluso años después del final de su período. Por ejemplo, las medicinas que al final de los 20 años se pueden producir como medicinas genéricas a muy bajo costo pues no requirieron un gasto en investigación ni tienen que pagar derechos.

Minicaso: Esa parte del contrato la sellamos con un apretón de manos

En la película "The Founder" 2016, Ray Kroc (interpretado por Michael Keaton) acepta comprar su parte del negocio a los hermanos McDonald (interpretados por Nick Offerman y John Carroll Lynch) por 2.5 millones de dólares más la propiedad de su restaurante original en San Bernardino. Los hermanos también pedían regalías por el 1% de las utilidades corporativas futuras. Sin embargo, el abogado indicó que esa parte del trato no podría quedar en el contrato y sería un acuerdo hecho con un apretón de manos.

Kroc ofrece varias razones para no incluir esa parte del acuerdo en el contrato que estaban firmando. Eventualmente los hermanos McDonald aceptan y estrechan las manos, procediendo después a firmar el resto del contrato.

En los créditos finales de la película se aclara que, como no pudieron demostrar que se realizó un acuerdo mediante apretón de manos, los hermanos nunca recibieron sus regalías. Hoy el monto equivaldría a más de 100 millones de dólares al año.

¿Qué se puede aprender de ese capítulo en la historia de los negocios? ¿Qué debieron haber hecho los hermanos McDonald para asegurar sus regalías? ¿Es un contrato de apretón de manos válido ante la ley? ¿cómo se puede demostrar que existe un acuerdo de apretón de manos?

11.5.- Derechos de autor

Una patente protege equipos, mecanismos y aparatos. El software, los diagramas, los diseños gráficos, videos y música (entre otros) se protegen mediante la figura de derechos de autor.

Los derechos de autor se componen de dos partes [INDAUTOR, 2021]:

- **Derechos morales:** el derecho de ser reconocido como el autor y poder modificar la obra. Este derecho nunca expira, un autor debe ser reconocido como autor de su obra incluso mucho después de su muerte.
- **Derechos patrimoniales:** el derecho para el autor, o terceros que este determine, de explotar comercialmente la obra. Este derecho es vigente durante toda la vida del autor más 50 años (en algunos países es 75 o 100 años).

La protección del derecho de autor abarca solo las expresiones, pero no las ideas, procedimientos, métodos de operación o conceptos matemáticos en sí. En la mayoría de los países, y conforme a lo que se dispone en el Convenio de Berna, la protección del derecho de autor se obtiene automáticamente sin necesidad de efectuar ningún registro ni otros trámites. La costumbre es colocar el símbolo © seguido del año de registro y el nombre del dueño de los derechos. Sin embargo, en la mayoría de los países existe un sistema de registro y depósito [OMPI, 2021b]. El registro puede resultar útil para dirimir controversias legales que puedan surgir. En México, el registro se realiza ante el Instituto Nacional del Derecho de Autor (INDAUTOR).

Figura 11.2.– Ejemplo de certificado de derechos de autor emitido por INDAUTOR. Fuente: e-tam.com.mx [2025]

11.6.- Secretos industriales

El 8 de mayo de 1886, el Dr. John Stith Pemberton vendió el primer vaso de Coca-Cola en Jacobs' Pharmacy en el centro de la ciudad de Atlanta [Coca-Cola, 2025]. Aunque se solicitó una patente por la fórmula en 1893, esta ha cambiado, y la nueva receta no ha sido patentada. Coca-Cola decidió mantener su receta como un secreto industrial. Esto permite a la empresa seguir produciendo de forma exclusiva su bebida. De haberse patentado, la fórmula sería del conocimiento de todos y se podría usar y comercializar por cualquiera.

Un secreto industrial es un invento o información, que tiene un valor económico, y que no se conoce por el público.

La ventaja que ofrece un secreto industrial sobre una patente son que no expira, no cuesta y se puede aplicar inmediatamente. La desventaja es que no se puede prohibir a otros de usar el secreto (si lo conocen o descubren) y no se tiene una sólida protección legal contra otros usando el secreto en sus patentes.

Algunos famosos secretos industriales incluyen:

- La receta de Coca-Cola
- El algoritmo de búsqueda de Google
- La receta secreta de Kentucky Fried Chicken
- La fórmula de Listerine
- El contenido del WD-40
- La receta de las donas Krispy Kreme

La idea de un secreto es que no se comparta con el público, por lo que un secreto industrial jamás se colocaría en un documento que tiene derechos de autor (que por definición es de conocimiento público). De igual forma, es improcedente declarar confidencial un documento que también reclama derechos de autor, o acusar a alguien de espionaje por imprimir copias de las patentes presentadas por una empresa, pues las patentes también son información pública.

11.7.- Acuerdos de confidencialidad

Cuando una empresa entra en negociaciones con otra para encontrar financiamiento, o buscar proveedores, es común que las partes tengan que compartir información confidencial que no quieran que se conozca por el público, y tampoco desean ceder los derechos de su información a su contraparte. Para evitar problemas, algunas veces se puede solicitar a los participantes firmar un acuerdo de confidencialidad.

Un acuerdo de confidencialidad, non-disclosure agreement o NDA por sus siglas en inglés, es un contrato legal que establece una relación de confidencialidad. Las partes que firman el convenio acuerdan que la información confidencial que reciban durante sus reuniones no será divulgada a otros [Twin, 2022].

Algunas empresas también requieren que sus empleados que tengan acceso a información privilegiada firmen cartas de confidencialidad.

Un acuerdo de confidencialidad consta de cinco elementos [Harroch, 2016]:

1. Identificación de las partes
2. Definición de lo que se considera confidencial
3. El alcance de las obligaciones de confidencialidad (por ejemplo, que el receptor no puede usar la información para sí mismo, que no adquiere propiedad de la información, el tipo de protección que se espera para resguardar la información, o las penalidades en caso de violar el acuerdo)
4. Las excepciones de confidencialidad (por ejemplo, que no incluyen información ya conocida, o recibida de otra fuente)
5. La duración del acuerdo (cuánto tiempo se considera esa información confidencial)

Un participante puede negarse a firmar un acuerdo de confidencialidad y entonces queda en las partes el decidir si compartir, o no, su información en base a la reputación del receptor. Cuando una empresa busca inversionistas de capital, es común que las empresas inversionistas rehúsen firmar los acuerdos de confidencialidad. En ese caso ya toca al startup el decidir si es conveniente, o no, compartir su información.

11.8.- Resumen

- El capital intelectual es el conjunto de los recursos de información que tiene una empresa y que se pueden usar para generar ingresos, adquirir nuevos clientes, crear nuevos productos, o mejorar el negocio.
- Soluciones creativas e innovación pueden proporcionar la diferenciación requerida en un mercado competitivo, pero puede ser

necesario el proteger ese capital intelectual para permitir que esa diferenciación se convierta en una ventaja duradera.

- Un contrato es un convenio de dos o más partes para producir o transferir obligaciones o derechos. En un contrato se ofrece y acepta una obligación mutua, entre varias partes, legalmente competentes para entrar en el acuerdo.
- Una patente es un derecho exclusivo otorgado sobre un invento, que es un producto o un proceso que proporciona, en general, una nueva forma de hacer algo, u ofrece una nueva solución técnica a un problema.
- El software, los diagramas, los diseños gráficos, videos y música (entre otros) se protegen mediante la figura de derechos de autor.
- Los derechos de autor se componen de dos partes:
  - o Derechos morales: el derecho de ser reconocido como el autor.
  - o Derechos patrimoniales: el derecho de explotar comercialmente la obra.
- Un secreto industrial es in invento o información, que tiene un valor económico, y que no se conoce por el público.
- Un acuerdo de confidencialidad es un contrato legal donde las partes firmantes acuerdan que la información confidencial que reciban durante sus reuniones no será divulgada a otros.

11.9.- Ejercicios de repaso

Preguntas

1. ¿Qué es el capital intelectual?
2. ¿Por qué es importante proteger el capital intelectual?
3. ¿Qué es un contrato?
4. ¿Qué puede ser objeto de un contrato?
5. Menciona algunos tipos diferentes de contratos
6. ¿Cuáles son las pares de un contrato?
7. ¿Qué protege una patente y cómo?
8. ¿Qué es el derecho de autor?
9. ¿Qué derechos obtiene un autor con los derechos de autor?
10. ¿Qué es un secreto industrial?
11. ¿Qué es un NDA?
12. ¿Por qué alguna empresa querría que sus empleados firmaran cartas de confidencialidad?

Ejercicios

1. Busca un contrato en Internet, identifica el objeto del contrato, las cláusulas y los participantes.
2. Localiza una patente, reporta el número de patente, su fecha de solicitud, el objeto y el dueño.
3. Busca un documento que tenga derechos de autor. ¿A nombre de quién están?
4. Lista un secreto industrial que no se haya mencionado en este libro.
5. Busca una carta o acuerdo de confidencialidad, identifica qué es lo que se está protegiendo, por cuánto tiempo y cuáles son las penalidades en caso de que se viole esa confidencialidad.

Módulo V

Evaluación de Resultados

Capítulo 12

Medición de Resultados

"Creo en la evidencia. Creo en la observación, la medición y el razonamiento, confirmados por observadores independientes. Creeré cualquier cosa, sin importar cuán salvaje y ridículo sea, si hay pruebas de ello. Sin embargo, cuanto más salvaje y ridículo sea algo, más firme y sólida tendrá que ser la evidencia".

Isaac Asimov, "The Roving Mind" 1983.

12.1.- Objetivos de aprendizaje
- Explicar la razón por la que es difícil medir resultados de TI.
- Entender el impacto del tiempo en los efectos de la tecnología.
- Entender el impacto del factor riesgo en los impactos de la tecnología.
- Conocer los indicadores de inversión en tecnología.
- Conocer los indicadores de activos tecnológicos.
- Apreciar la forma de medir el impacto del uso de TI, desempeño organizacional y riesgo en los indicadores de TI.

12.2.- La importancia de la medición de resultados

Para muchos especialistas, el trabajo del área de tecnología consiste en operar los sistemas existentes y desarrollar soluciones informáticas. Por esa razón, apenas completan un proyecto inician el siguiente sin mirar atrás, ni detenerse a analizar los resultados obtenidos. El problema de esta posición es que limita el aprendizaje organizacional (no sabemos si las cosas se están haciendo bien, ni cómo mejorar) y complica el conseguir fondos para proyectos futuros (no hay pruebas que las inversiones estén produciendo los resultados esperados).

La principal razón del para evitar el proceso de medición de resultados de la tecnología es porque es un trabajo difícil de definir. Mientras que la cantidad de computadoras o el alcance de la red de pueden reportar con mediciones físicas, el valor que un sistema brinda a la empresa no es tan sencillo de determinar. Por ejemplo, un sistema de CRM ayuda al área de ventas a ser más efectivo. Si el área de ventas mejora su desempeño, ¿cuánto de ese resultado se debe al nuevo sistema y cuánto al esfuerzo del personal de ventas?

Sin embargo, además de ser una parte importante del trabajo, la medición de resultados es cada vez más demandada por la alta administración que se enfrenta a presiones para reducir costos de operación y justificar todas las inversiones, por lo que los proyectos tecnológicos deben competir por recursos junto con todos los otros proyectos de la empresa [Kohli, Sherer, y Barton, 2003].

12.3.- Las diferentes dimensiones del impacto de la tecnología en las organizaciones

Hay sistemas de información que tienen impactos cuantificables; como un sistema de optimización de procesos, donde los ahorros atribuibles al sistema se pueden medir directamente. Por otra parte, hay sistemas que proveen un valor de apoyo a otras áreas y que, en combinación con otros factores internos y externos, ayudan a mejorar los resultados. En estos casos, las mejoras no se pueden atribuir directamente a la tecnología (aunque se pueda argumentar que sin tecnología no habría resultados).

Adicionalmente, algunas veces el beneficio de un sistema no se nota sino algún tiempo después que haya iniciado operaciones. Los usuarios necesitan capacitación, los clientes deben acostumbrarse a las innovaciones y los datos históricos deben actualizarse para que el nuevo sistema opere como se esperaba. Por ejemplo, en la industria farmacéutica, una inversión para crear un sistema de reporte y análisis de información requiere de la inversión en tecnología para crear el sistema. El sistema produce los reportes, que permite el análisis, que luego impacta en el manejo de los pacientes, y eventualmente redunda en ganancias para la empresa. La figura 12.1 muestra un diagrama de este caso.

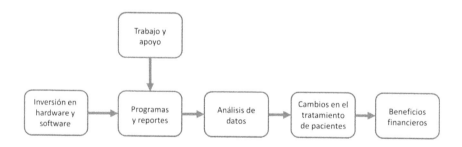

Figura 12.1.- Impacto de una inversión informática en el tiempo en una empresa farmacéutica. Fuente Devaraj y Kohli [2000]

Al analizar el caso de la industria farmacéutica junto con otros casos similares, se pueden identificar cuatro aspectos a considerar de inicio para medir los impactos de la tecnología en las organizaciones: la inversión en tecnología, los activos tecnológicos, el impacto directo de la tecnología y el impacto en el desempeño organizaciones. La figura 12.2 muestra la relación de estos elementos.

Figura 12.2.- Aspectos a considerar para medir los impactos de la tecnología en las organizaciones Fuente Kohli y Sherer [2002]

Hay un impacto adicional de la tecnología que vale la pena analizar, y este es el riesgo. La tecnología de información puede hacer una empresa más confiable. Por otra parte, también la puede hacer vulnerable a ataques cibernéticos o fallas tecnológicas. Cada elemento de tecnología que se incluye puede variar el balance de riesgo de la empresa y esto también se debe cuantificar para validar el impacto de la tecnología en la organización y definir estrategias para administrarlo o contenerlo. La figura 12.3 muestra los diferentes elementos de riesgo alrededor de cada uno de los impactos a analizar.

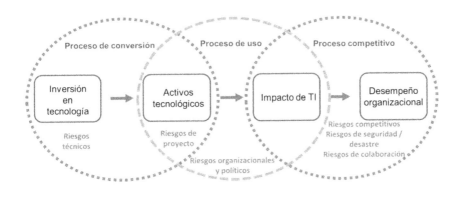

Figura 12.3.- Riesgos de los impactos de la tecnología en las organizaciones Fuente Kohli y Sherer [2002]

12.4.- Inversión en tecnología

Uno de los elementos más cuantificables es la inversión en tecnología y el presupuesto del área de sistemas de información. Esto incluye hardware, software, comunicaciones, entrenamiento y personal. De ser posible, es conveniente separar los montos que tocan a la operación y al desarrollo de nuevas soluciones. También podría resultar valioso el separar las inversiones por área funcional de la empresa.

Una tabla con los datos del presupuesto es un momento en el tiempo puede resultar interesante, pero resulta más valioso el ver cómo esos valores han variado en varios períodos. También puede resultar interesante comparar las inversiones en tecnología de nuestra empresa con las de otras empresas en el mismo ramo. El porcentaje de gasto en tecnología sobre los ingresos totales de la empresa, comparado con el mismo indicador en empresas similares puede indicar si hay un problema de sobre o sub inversión. La información de gasto en tecnología es diferente en cada tipo de industria. Mientras que hay empresas que dependen de la tecnología, para otras es solo una herramienta más.

En México, se reporta que las empresas en promedio destinan poco menos del 2% del total de sus ingresos a invertir en tecnología [NetSD, 2021]. El número se considera bajo, pero al menos es un estándar contra el cual se pueden comparar los presupuestos de la empresa a analizar.

Entre los indicadores a analizar están:

- Presupuesto total del área de TI
- Sueldos del personal
- Gastos de operación
- Gasto en capacitación
- Gastos de mantenimiento
- Inversión en hardware
- Inversión en telecomunicaciones
- Inversión en software de sistema
- Inversión en aplicaciones

Desde el punto de vista del área de TI, se puede suponer que una empresa que invierte en tecnología está encontrando valor en las soluciones que esta área proporciona.

12.5.- Activos tecnológicos

Generalmente la primera actividad en el proceso de planeación de sistemas es realizar un inventario de equipos de cómputo, redes y software en operación. Esto muestra el estado actual de la empresa en términos de tecnología. Es importante mantener esta información actualizada para ver la evolución de la adopción tecnológica en la empresa y compararla contra estándares del mercado.

Los activos tecnológicos de la empresa incluyen el hardware, software, sistemas integrados y sistemas de comunicaciones. Desde el punto de vista de hardware, es importante catalogar el número de servidores, estaciones de trabajo y periféricos disponibles y ver su evolución en el tiempo. Una métrica utilizada para comparar entre empresas es el número de estaciones de trabajo o PC's por cada cien empleados. En algunos negocios el número debe ser 1-1 o mejor, en otros podría ser hasta de un equipo por cada diez empleados, dependiendo del tipo de industria en la que se trabaje.

El análisis de software debe catalogar las aplicaciones en aplicaciones estándar y aplicaciones hechas a la medida. Los proyectos en desarrollo se pueden presentar en una línea de tiempo para ver las fechas esperadas de entrega de cada uno de sus módulos.

Un indicador importante, además del número de estaciones de trabajo y programas, es la edad de cada pieza de hardware y software. Plataformas tecnológicas antiguas pueden resultar bombas de tiempo listas para fallar en el peor momento posible. Igual pasa con el software. Software muy antiguo, que ha sido modificado incontables veces puede ya ser inentendible y sufrir una falla catastrófica durante la siguiente serie de ajustes por mantenimiento. Algunas veces es conveniente simplemente volver a escribir una pieza de software antiguo para simplificar mantenimientos subsecuentes.

12.6.- Impacto de TI

Esta serie de indicadores se refieren más a los impactos directos de la tecnología en la empresa. Se miden aspectos tales como número de clientes atendidos, transacciones procesadas, visitas al sitio web, órdenes completadas, tiempo total del ciclo de ventas, número de excepciones solicitadas.

Desde el punto de vista de procesos, se puede medir los proyectos en los que se ha trabajado, las horas invertidas, los departamentos involucrados, iniciativas de cambio y cursos de capacitación ofrecidos.

En lo que toca al análisis de datos y soporte de decisiones, indicadores como número de consultas, reportes especiales solicitados, y estaciones de trabajo en uso por ejecutivos pueden ser indicadores importantes.

Para el área de TI, un indicador importante de su desempeño es la opinión de sus usuarios. Usuarios satisfechos son un indicador de buen desempeño y buenos resultados. Si se considera que este indicador es relevante, resulta importante implementar encuestas de salida de los proyectos y revisiones periódicas de las opiniones de los clientes respecto a las aplicaciones en funcionamiento.

12.7.- Desempeño organizacional

Los indicadores de desempeño organizacional pueden ser más difíciles de identificar pues muchas veces los beneficios no surgen de la tecnología, sino del uso que se le da a la información, e incluyen elementos fuera del control del área de tecnología. Sin embargo, es importante analizar la cantidad, calidad y oportunidad de la información que se está proporcionando, y el número y distribución de los usuarios en la organización.

Entre los datos a medir en este rubro se encuentran los elementos de competitividad que se trazaron como objetivos durante la fase de planeación de sistemas. Medidas como porcentaje del mercado que posee la empresa, valor de las acciones, opinión de los clientes finales sobre la calidad del servicio de la empresa, y premios de la industria. Estos indicadores pueden brindar datos interesantes del impacto de la tecnología en la organización.

Minicaso: ¿Quién se pone la medalla?

En 2019, por iniciativa del área de sistemas, el gerente de ventas asistió a una conferencia de tecnología y encontró una aplicación que podría mejorar el servicio telefónico a los clientes. Al recibir una llamada, en base al número del teléfono que llamaba, se podía identificar al cliente y, si ya estaba registrado, el agente de ventas podía ver todo su historial en la pantalla antes que el cliente dijera su primera palabra.

Luego de gran esfuerzo por el área de sistemas y el área de ventas, el software se puso en operación a inicios de 2020. En marzo de 2020 se declaró una emergencia sanitaria por el virus COVID19 y las personas tuvieron que aislarse. Las ventas telefónicas repuntaron.

Se puede argumentar que las ventas subieron por efecto del aislamiento forzado por la emergencia sanitaria, o por el trabajo del personal de ventas que supo estar ahí en el momento correcto. El área de sistemas dice que ellos son los responsables por el aumento de las ventas telefónicas. ¿Quién tiene la razón?

12.8.- Riesgo

Como se discute arriba, hay diferentes tipos de riesgos en la operación de una empresa [Kohli y Sherer, 2002]

- **Riesgos técnicos:** Pueden ocurrir fallas en la tecnología, la empresa puede quedar algún tiempo fuera de línea.

- **Riesgos de proyectos:** Muchos proyectos informáticos se retrasan por fallas en las especificaciones o por lo complejo de las soluciones propuestas.
- **Riesgos organizacionales y políticos:** Un sistema perfectamente saludable puede no ser utilizado, o utilizarse en forma errónea, por falta de capacitación, fallas en la implementación de cambios, o por que cambia el balance de fuerzas políticas en la organización.
- **Riesgos competitivos:** Algún competidor puede obtener acceso a información confidencial, o cambiar las fuerzas competitivas del mercado.
- **Riesgos de seguridad / desastres:** Pude existir vulnerabilidad a ataques cibernéticos, o vulnerabilidad a fallas causadas por desastres naturales como incendios, inundaciones o terremotos en la localidad donde se encuentran los centros de datos.
- **Riesgos de colaboración:** La información necesaria para colaborar puede no estar disponible o no compartirse correctamente.

La tecnología puede funcionar para incrementar o reducir alguno de estos riesgos. Es importante medir la exposición que tiene la organización a posibles riesgos en base a las aplicaciones y configuraciones tecnológicas en uso.

Minicaso: Líneas de comunicación por el Paso de Cortés

En México, un lugar con gran atractivo turístico es el Paso de Cortés. Bautizado en honor a Hernán Cortés, es un punto estratégico que conecta diferentes partes de México. Se encuentra a 3600 metros de altura sobre el nivel del mar y está rodeado por majestuosas montañas: el Popocatépetl y el Iztaccíhuatl.

Al ser un punto estratégico para la comunicación en México, varios bancos usaron esa ruta para colocar sus líneas de datos. Sin embargo, ambas montañas son volcanes activos y, luego de estar dormido por gran parte del siglo XX, el Popocatépetl entró en actividad en 1991 y el Gobierno Mexicano tuvo que preparar planes de evacuación en caso de una erupción mayor.

Los bancos se dieron cuenta que su operación dependía de una línea que estaba en una zona de riesgo y tuvieron que analizar su tolerancia al riesgo.

¿Deberían esos bancos replantear su estrategia de inversión en comunicaciones?

12.9.- ¿Qué indicador es más importante?

Todos los indicadores dicen algo de la operación de la tecnología en la organización, sin embargo, a menos que se trate de una empresa grande con personal dedicado tiempo completo a recopilar información de los indicadores, es muy probable que se tenga que elegir aquellos indicadores más relevantes para darles seguimiento y reportar a la alta administración como resultados del área de TI.

Hay tres áreas que generalmente son de interés para los accionistas: Impacto en los ingresos, mejoras en la eficiencia, y reducción de riesgos [Naegle y Ganly, 2020]. La sugerencia es que se elijan de tres a cinco indicadores en cada uno de estos tres rubros como un punto de arranque para mostrar el impacto de la tecnología.

Otros indicadores como presupuesto y activos, aunque no sean tan críticos para los accionistas al principio, también se deben recopilar para medir la salud general de los sistemas en la empresa.

Una recomendación es que es preferible medir algo que no medir nada. La calidad de los indicadores puede ir mejorando con el tiempo y se pueden incluir paulatinamente aquellos indicadores que brinden una mejor idea del desempeño del área de TI. Comience por reportar algo y conforme vaya viendo valor en la información, y recibiendo retroalimentación de la alta dirección, mejore sus indicadores.

12.10.- Resumen

- La falta de medición de resultados limita el aprendizaje organizacional (no sabemos si las cosas se están haciendo bien, ni cómo mejorar), y complica el conseguir fondos para proyectos futuros (no hay pruebas que las inversiones estén produciendo los resultados esperados).
- Es difícil medir resultados pues pueden estar entremezclados con el desempeño organizacional, puede tomar tiempo antes de ver los resultados, pueden cambiar el balance de riesgos en la organización.
- Entre los indicadores a considerar están:
    - o Inversión en tecnología
    - o Activos tecnológicos (número y edad)
    - o Impacto de TI
    - o Desempeño organizacional
    - o Riesgos
- Es preferible medir algo que no medir nada.

- La calidad de los indicadores puede ir mejorando con el tiempo y se pueden incluir paulatinamente aquellos indicadores que brinden una mejor idea del desempeño del área de TI.
- Comience por reportar algo y conforme vaya viendo valor en la información, y recibiendo retroalimentación de la alta dirección, mejore sus indicadores.

12.11.- Ejercicios de repaso

Preguntas

1. ¿Por qué es importante la medición de resultados de TI?
2. ¿Por qué es difícil medir los resultados de TI?
3. ¿Cuáles son los indicadores más relevantes de los siguientes elementos?:
   - o Inversión en tecnología
   - o Activos tecnológicos (número y edad)
   - o Impacto de TI
   - o Desempeño organizacional
   - o Riesgos

Ejercicios

1. Busque indicadores de inversión en tecnología como porcentaje de ventas en diferentes industrias.
2. Busque indicadores de penetración de tecnología en las empresas (uso y volumen).
3. Entreviste a algún profesional de TI y pegúntele qué indicadores reporta el área de TI en su empresa.

Capítulo 13

Tecnologías Emergentes en
Analítica e Inteligencia de Negocios

"Don Hilarión: El aceite de ricino ya no es malo de tomar.
Don Sebastián: ¿Pues cómo?
Don Hilarión: Se administra en pildoritas y el efecto es siempre igual.
Don Sebastián: Hoy las ciencias adelantan que es una barbaridad.
Don Hilarión: ¡Es una brutalidad!
Don Sebastián: ¡Es una bestialidad!"

"La Verbena de la Paloma" Cuadro Primero, Ricardo de la Vega
y Tomás Bretón, 1894.

13.1.- Objetivos de aprendizaje
- Poder interpretar los Hype Cycles de Gartner
- Identificar diferentes tecnologías de inteligencia de negocios en diferentes etapas del Hype Cycle
- Saber interpretar la Matriz de Prioridades de Gartner
- Conocer los usos de los Cuadrantes Mágicos de Gartner
- Entender, en términos generales, qué son las técnicas de Inteligencia Artificial
- Conocer algunas técnicas de Inteligencia Artificial como: sistemas expertos, aprendizaje computacional y procesamiento de lenguaje natural
- Entender cómo las técnicas de Inteligencia Artificial se pueden usar en aplicaciones de la industria

13.2 – Los Hype Cycles de Gartner
Gartner Inc. Es una empresa fundada en 1979 dedicada a proporcionar información de resultados de investigaciones a especialistas en tecnología y otras áreas en las organizaciones [Gartner, 2025-1]. Entre los productos de la empresa se encuentran los cuadrantes mágicos (magic cuadrants) (que

analizan la visión y habilidad de los proveedores de tecnología) y los ciclos de sobreexpectación o ciclos de exageración (Hype Cycles).(que analizan la madurez y potencial de tecnologías emergentes).

Al surgir una nueva tecnología, algunas veces es difícil distinguir entre la emoción que genera la promesade una innovación, y lo que es comercialmente posible con esa tecnología. Los ciclos de sobreexpectación (Hype Cycles) que publica Gartner, mapean en una gráfica el ciclo de madurez, adopción y aplicación social de diferentes tecnologías.

La gráfica sirve para tomar decisiones respecto a qué tecnología es viable, cuál representa un riesgo y a qué tecnología emergente vale la pena apostar. Los ciclos se desarrollan de diferentes tecnologías y definen cinco fases de su proceso de maduración [Gartner, 2025-2]:

- **Lanzamiento** – Donde la presentación del producto genera interés. Algunas veces las pruebas de concepto iniciales y el interés de los medios genera mucha publicidad. Generalmente aún no existe un producto comercialmente viable.

- **Pico de expectativas sobredimensionadas** - El impacto en los medios genera normalmente un entusiasmo y expectativas poco realistas. Es posible ver algunos casos de éxito y muchos fracasos.

- **Abismo de desilusión** - No se cumplen todas las expectativas y las tecnologías dejan de estar de moda. Algunos productos fracasan en esta etapa, los que sobreviven, deben adaptarse a las necesidades de los primeros clientes.

- **Rampa de consolidación** – Surgen más casos de cómo la tecnología puede ayudar a la empresa y se entienden mejor sus beneficios. Surge una segunda y tercera generación de productos. Más empresas realizan pruebas piloto, las empresas más conservadoras generalmente mantienen su distancia.

- **Meseta de productividad** – Los beneficios de la tecnología están ampliamente demostrados y aceptados. La tecnología se vuelve cada vez más estable e inicia su adopción masiva.

El ciclo también marca si una tecnología se espera se desarrolle en los próximos 2, 5, 10, o más años.

Figura 13.1.- Modelo gráfico de un Hype Cycle de Gartner

13.3.- Tecnologías de inteligencia de negocios en diferentes etapas del ciclo de sobreexpectación (hype cycle)

Para el caso de la curva del ciclo de sobreexpectación de tecnologías de analítica e inteligencia de negocios, El reporte más reciente es el número G00811430 de la empresa publicado en junio de 2024 [Macari & Krensky, 2024].

Tecnologías en la meseta de productividad
Dos tecnologías se encuentran en la meseta de productividad y se consideran con un horizonte de maduración menor a dos años:

- **Event Stream Processing:** Que es un análisis que se realiza sobre flujos de datos, típicamente se hace sobre los datos mientras están llegando, permitiendo un entendimiento de la situación y reacciones casi en tiempo real a amenazas y oportunidades.
- **Analítica Predictiva:** Herramientas que analizan contenidos o datos para responder a la pregunta de ¿qué es lo que va a suceder? O ¿qué es lo que probablemente pase? Utiliza estadísticas avanzadas como el análisis de regresión, modelación predictiva y prospectiva.

Tecnologías en la rampa de consolidación

Gartner identifica dos tecnologías en esta etapa. La primera, self-service analytics, se espera madure en menos de dos años, mientras que la segunda, embeded analytics tiene un horizonte de dos a cinco años.

- **Self-service Analytics:** Se refiere a tecnología y procesos donde usuarios de negocio pueden, de forma autónoma, preparar y visualizar datos, hacer preguntas o generar reportes con un mínimo de codificación , generalmente usando herramientas de inteligencia artificial.
- **Embedded Analytics:** Son soluciones que producen analítica dentro de aplicaciones, nuevas o ya existentes, sin afectar el flujo de trabajo del usuario y sin necesidad de cambiar a otra aplicación. Permiten identificar puntos fuera de la norma, anomalías, o tendencias entre los datos de una aplicación ya existente.

Tecnologías en el abismo de desilusión

En esta fase se identifican seis tecnologías con un horizonte de maduración de 2 a 5 años, y una con un horizonte de entre 5 y 10 años.

Las tecnologías en esta etapa, con un horizonte de maduración de 2 a 5 años son:

- **Graph Analytics:** Busca relaciones entre entidades y conceptos usandopuntos de datos, generalmente mediante técnicas de visualizción.
- **Data Analytics Governance:** la especificación de derechos de decisión y marcos de referencia de responsabilidad para asegurar un comportamiento apropiado en la valuación , creación o consumo de analítica.
- **Citizen Data Science:** Donde el personal de la empresa (no especialistas en analítica) producen perspectivas analíticas que mejoran el impacto de los resultados.
- **Prescriptive Analytics:** Analítica que indica el curso de acción más conveniente en base al análisis de variables mediante métodos de optimización, análisis de decisiones y reglas, entre otros.
- **Edge Analytics:** Analítica que es ejecutada fuera del área y aplicaciones del centro de datos de analítica de la empresa, cerca de donde los datos son creados y utilizados.
- **Data Literacy:** La habilidad de leer, escribir, y comunicar datos dentro de un contexto y con el entendimiento del negocio.

Una tecnología en esta fase tiene un horizonte de maduración de 5 a 10 años:

- **Explainable AI:** Es un conjunto de capacidades que describe un modelo, resalta sus fortalezas y debilidades, predice su comportamiento probable e identifica posibles sesgos.

Tecnologías en el pico de expectativas sobredimensionadas
En esta fase se identifica una tecnología con un horizonte de maduración menor a dos años:

- **Natural Language Query**

Adicionalmente se muestran seis tecnologías con un a maduración esperada de entre 2 y 5 años:

- **Data Storytelling**
- **Value Stream Mapping**
- **Augmented Analytics**
- **Data and Analytics for Social Good**
- **Multistructured Analytics**
- **Generative Analytics Experience**

Y una tecnología con una maduración esperada de entre 5 y 10 años:

- **ModelOps**

Matriz de Prioridades
Otro subproducto de los análisis de hype cycles es lo que Gartner llama la Matriz de Prioridades. En este instrumento se tabulan las tecnologías listadas ordenadas por su horizonte de maduración en el eje horizontal y por el beneficio esperado (en el eje vertical). Los beneficios esperados se clasifican en transformacionales, altos, moderados y bajos. Esta gráfica puede ayudar a decidir qué tecnologías monitorear más detalladamente.

En el caso de analítica e inteligencia de negocios, hay tres tecnologías con un impacto transformacional y un horizonte menor de 2 a 5 años:

- **Citizen Data Science**
- **Data Literacy**
- **Decision Intelligence**

Tres tecnologías pueden producir beneficios altos y tienen un horizonte de maduración menor a dos años:

- **Event Stream Processing**
- **Natural Language Query**
- **Predictive Analytics**

13.4.- Cuadrantes Mágicos

Los cuadrantes mágicos analizan diferentes empresas y productos de algún mercado en base a su habilidad de ejecución y su visión, catalogando aquellos que puedan resultar más atractivos en cada tecnología. Un cuadrante mágico cataloga a los participantes como líderes, retadores, visionarios o jugadores de nicho [Gartner, 2025-3].

Los líderes demuestran una sólida comprensión de las capacidades clave del producto y el compromiso con el éxito del cliente que exigen los compradores en ese mercado.

Los retadores están bien posicionados para tener éxito en este mercado. Sin embargo, pueden estar limitados a casos de uso, entornos técnicos o dominios de aplicación específicos.

Los visionarios tienen una visión sólida y diferenciada para ofrecer soluciones. Sin embargo, pueden tener deficiencias a la hora de satisfacer requisitos de funcionalidad más amplios. Los visionarios pueden carecer de escalabilidad o existir dudas sobre su capacidad para crecer y mantener un rendimiento consistente.

Los jugadores de nicho tienen éxito en un dominio específico (industria, sector vertical o caso de uso). Sin embargo, pueden tener una capacidad limitada para superar a otros proveedores en términos de innovación o rendimiento. Pueden centrarse en un dominio o aspecto específico del mercado, pero carecer de una funcionalidad profunda en otros ámbitos.

El Cuadrante Mágico de Plataformas de Analítica e Inteligencia de Negocios es el documento G00792413 de Gartner [Schlegel, et al., 2024] y clasifica a los proveedores en la siguiente escala:

- Líderes: Microsoft, Salesforce (Tableau), Oracle, Google, ThoughtSpot, y Qlik.
- Retadores: Amazon Web Services, Domo, MicroStrategy, y Alibaba Cloud.
- Visionarios: Sap, Pyramid Analytics, IBM, Spotfire, SAS y Tellius.
- Jugadores de Nicho: Zoho, Incorta, Sisense, y GoodData.

El documento también indica que el mercado está evolucionando rápidamente con nuevas funcionalidades en las plataformas existentes.

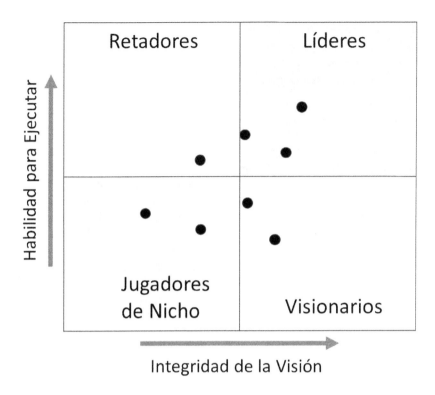

Figura 13.2.- Ejemplo de un Cuadrante Mágico de Gartner

13.5.- ¿Qué es la inteligencia artificial?

Una tecnología emergente, que se asocia mucho con las tendencias futuras de la analítica e inteligencia de negocios es la inteligencia artificial (AI). Pocos saben exactamente cómo se desarrolla o lo que implica esta tecnología, por lo que parece apropiado dedicarle un espacio en este capítulo.

Cuando uno piensa en inteligencia artificial (artificial intelligence o AI por sus siglas en inglés) lo primero que se viene a la mente son algunas películas de ciencia ficción donde las máquinas toman el control del planeta y destruyen a los humanos. En realidad, el nombre es engañoso. Inteligencia artificial no se refiere a crear un ser pensante, sino a usar técnicas de programación que copian los pasos que sigue un humano para maximizar las posibilidades de alcanzar su objetivo [Simon, 1981].

Entre las técnicas usadas en sistemas de inteligencia artificial están: el procesamiento de reglas, aprendizaje computacional, los algoritmos genéticos, reconocimiento de lenguaje natural y visión computacional.

Por ejemplo, un juego sencillo es el juego del gato (tres en línea, ceros y cruces, tres en raya, michi, o tic-tac-toe, como se le conoce en diferentes países), un juego en un tablero de 3 x 3 espacios donde los oponentes toman turnos marcando una casilla y gana quien consiga tres símbolos iguales en una misma línea (ya sea vertical, horizontal, o diagonal). Si quisiéramos programar una computadora para jugar el juego existen varias alternativas:

Algoritmos

La primera opción sería programar todos los posibles juegos en secuencia. Si la secuencia es pequeña, se pueden calcular todas las posibles respuestas. Un algoritmo es una secuencia finita y bien definida de instrucciones. Si el número de jugadas es finito, esta solución funcionaría bien. Sin embargo, un juego con una o dos líneas más en el tablero haría que el número de alternativas fuera muy grande, haciendo este método imposible de seguir. Muchos problemas tienen tantas variantes que sería imposible predecirlas todas desde el principio. Para resolver esos problemas, lo que se busca es una solución suficientemente buena, aunque quizá no sea la óptima.

Reglas

Cuando no se pueden definir por adelantado todos los pasos a seguir, una forma de atacar el problema es crear reglas generales e ir verificándolas para definir si una condición se cumple. En el juego de gato, por ejemplo, se pueden definir ciertas reglas generales y pedir a la computadora que revise esas reglas en cada jugada, por ejemplo:

1. Si el oponente tiene tres fichas en una línea terminar (pierdo)
2. Si tengo yo dos fichas en una línea y hay un espacio vacío en esa línea, ocupar el espacio y terminar (triunfo)
3. Si no hay espacios libres en el tablero, terminar (empate)
4. Si el oponente tiene dos fichas en una línea que tiene un espacio vacío, ocupar el espacio vacío
5. Si ocupar un espacio crea dos filas con dos fichas mías y un espacio vacío en cada una, tomar ese espacio.
6. ... (aquí irían varias reglas más)
7. Si ninguna regla aplica, colocar la pieza en cualquier espacio disponible.

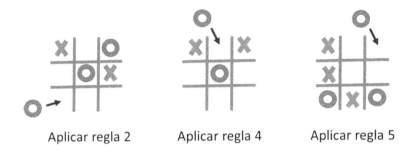

Aplicar regla 2   Aplicar regla 4   Aplicar regla 5

Figura 13.3 – Ejemplo de aplicar reglas en un juego de gato

Un **sistema experto** podría tomar una serie de reglas y aplicarlas según las condiciones del tablero. Se le llama experto porque un experto conocería y aplicaría esas reglas, sin embargo, hoy sabemos que un experto, además de las reglas conocidas, usa intuición y experiencia al decidir sus cursos de acción. Por lo tanto, generalmente, un sistema experto es tan bueno como un principiante (con toda la teoría, pero poca experiencia).

Aprendizaje computacional

Otra técnica para resolver ese problema sería listar las condiciones que definen un juego ganador, un empate y uno perdedor; y luego preparar un programa que juegue cualquier espacio disponible, pero que almacene las opciones tomadas. Si una serie de jugadas que se usó antes lleva a una derrota más veces que a una victoria, entonces habría que evitarla. Si una jugada ha llevado a victoria más veces entonces se puede repetir.

Con suficientes juegos jugados, habría información de qué jugada tiene mejores posibilidades de llevar a un triunfo dadas las condiciones actuales del tablero. Se podría decir entonces, que un programa "aprendió" qué jugadas funcionan mejor. Lo que se conoce como **aprendizaje computacional** [Bishop, 2006].

Algoritmos genéticos

En la naturaleza, un ser tiene un cierto código genético que le da las características necesarias para sobrevivir. Al reproducirse, se genera un nuevo código genético en el nuevo ser, mediante la combinación de genes y mediante algunas variaciones aleatorias que puedan ocurrir durante el proceso de reproducción. Si esa nueva combinación y variaciones hacen al nuevo individuo más proclive a sobrevivir, ese código se reproducirá más y será más prevalente, aquellas modificaciones genéticas que no ayuden a la supervivencia tenderán a ser eliminadas por la naturaleza.

Un **algoritmo genético** [Mitchel, 1996] funciona más o menos de la misma manera. Se genera una ruta para solucionar un problema. Luego, se puede modificar aleatoriamente un elemento de esa ruta. Si la modificación logró una mejor solución, esa nueva ruta se establece como la base y se continúa con el proceso evolutivo. Si el cambio no ayuda, se desecha y se regresa al código anterior. Una vez más, con suficientes intentos, se puede encontrar una solución bastante adecuada a un problema difícil de resolver.

Procesamiento de lenguaje natural
Otra de las sub-áreas de inteligencia artificial es el procesar y entender lenguaje natural para poder realizar traducciones, responder preguntas, juntar noticias o interpretar correspondencia. El proceso consiste en dividir las oraciones en sus componentes (sujeto-verbo-complemento) y categorizar cada sección. El procesamiento de lenguaje natural ha sido estudiado desde los primeros días de las computadoras comerciales [Borbow, 1964; Schank, 1972]. Sin embargo, la complejidad del problema requería altos volúmenes de procesamiento y almacenamiento que no estuvieron disponibles sino hasta fechas recientes. Hoy es común hablar con sistemas que reconocen lenguaje natural e interpretan instrucciones, como Siri (de Apple) o Alexa (de Amazon).

13.6.- El uso de las técnicas de inteligencia artificial en diferentes disciplinas

La inteligencia artificial en el diagnóstico médico

Usar una computadora para jugar gato puede sonar trivial, pero usando las mismas técnicas se puede ir encontrando las reglas para un diagnóstico médico, por mencionar un ejemplo. El sistema no daría un diagnóstico preciso, pero, basado en reglas que se conocen, puede listar algunas enfermedades y la probabilidad según el cuadro que presente el paciente en cuanto a síntomas, datos personales e historia.

Por ejemplo, un grupo de reglas podría comenzar así:

1. Si un paciente tiene fiebre puede tener influenza.
2. Pero si además presenta una herida, entonces es más probable que la fiebre sea producto de una infección causada por una reacción a la herida.
3. ... (aquí irían muchas reglas más)

El sistema revisaría las reglas y podría indicar la probabilidad de diferentes enfermedades. Con suficientes reglas, se puede crear lo que se conoce como un sistema experto, que es un sistema que emula los pasos que sigue un humano al tomar una decisión. Un sistema experto en realidad puede dar un diagnóstico tan bueno como el de un principiante (como se menciona arriba), pues sigue las reglas básicas, pero sirve para acercar al experto a los datos y le permite decidir qué otra información revisar para completar un diagnóstico.

La inteligencia artificial en la contabilidad

Así como se pueden crear **sistemas expertos** para jugar gato, o ajedrez, o para realizar diagnósticos médicos, también se pueden definir las reglas para que un sistema experto pueda detectar transacciones poco comunes en una tarjeta de crédito. El sistema podría analizar miles de transacciones y aquellas que se salgan del patrón "normal" del cliente, las puede seleccionar y presentar a un especialista humano que podría revisar si la transacción corresponde al cliente, o es un posible fraude.

Cada vez más, se está considerando el uso de sistemas expertos en auditorías.

Los sistemas de **procesamiento de lenguaje natural** se pueden utilizar para procesar correos electrónicos de clientes y definir si el mensaje debe ser atendido por un humano con urgencia, o esperar su turno. Estos sistemas incluso pueden generar una estadística de los temas tratados en los correos recibidos e identificar qué tan contentos o enojados están los clientes que escribieron. También se pueden utilizar para analizar contratos, identificar palabras clave, encontrar inconsistencias, o hacer recomendaciones.

Minicaso – En la película "The Accountant", ¿cómo descubren el fraude?

En la película "The Accountant" 2016, con Ben Affleck y Anna Kendrick, el contador descubre un fraude revisando los libros de los últimos 15 años de la empresa y notando que ciertas transacciones todas tienen un número 3 como segundo dígito. En esa escena, el contador descubre todo con sus habilidades mentales superiores, pero, en la vida real, ¿Podría un sistema experto haber ayudado a detectar este tipo de movimientos sospechosos? ¿Podría una computadora revisar cientos de movimientos y mostrar cuáles requieren que un especialista (humano) realice una revisión detallada?

Aunque la idea de usar tecnología para apoyar la contabilidad y auditorías no es nueva [Keenoy, 1958], los avances recientes y disponibilidad de tecnología han permitido desarrollos importantes por firmas contables y hacen suponer que su impacto será mayor en el futuro. Algunos sistemas actualmente en uso incluyen: Una asociación entre KPMG y la plataforma de AI Watson de IBM para desarrollar herramientas de auditoría con AI; PricewaterhouseCoopers (PwC) desarrolló Halo una plataforma para productos de AI; y Deloitte desarrolló Argus para AI y Optix para analítica de datos. [Kokina & Davenport, 2017].

En el futuro, la Inteligencia Artificial (AI) "ayudará a los contadores a encontrar correlaciones y patrones en sus datos que soluciones heredadas no podían haber identificado previamente. Es de esperar que nuevos conocimientos sobre sus datos conduzcan a una nueva y mejor estrategia comercial. AI ya está transformando la profesión, incluso diría que la está reinventando, con avances como RPA (Robotics Process Automation) y la automatización de la toma de decisiones de nivel inferior, el procesamiento de transacciones, la detección de fraudes y mucho más " [English, 2019].

13.7.- Resumen

- Gartner Inc. Es una empresa fundada en 1979 dedicada a proporcionar información de resultados de investigaciones a especialistas en tecnología y otras áreas en las organizaciones.
- Entre los productos de la empresa se encuentran los cuadrantes mágicos (magic cuadrants) y los ciclos de sobreexpectación (Hype Cycles).
- Se pueden identificar diferentes tecnologías de inteligencia de negocios en diferentes etapas del ciclo de sobreexpectación. La gráfica sirve para tomar decisiones respecto a qué tecnología es viable, cuál representa un riesgo y a qué tecnología emergente vale la pena apostar. Los ciclos se desarrollan de diferentes tecnologías y definen cinco fases de su proceso de maduración: Lanzamiento, Pico de expectativas sobredimensionadas, Abismo de desilusión, Rampa de consolidación, y Meseta de productividad.
- Otro subproducto de los análisis de hype cycles es lo que Gartner llama la Matriz de Prioridades. En este instrumento se tabulan las tecnologías listadas ordenadas por su horizonte de maduración en el eje horizontal y por el beneficio esperado (en el eje vertical). Los beneficios esperados se clasifican en transformacionales, altos, moderados y bajos. Esta gráfica puede ayudar a decidir qué tecnologías monitorear más detalladamente.
- Los cuadrantes mágicos analizan diferentes empresas y productos de algún mercado en base a su habilidad de ejecución y su visión,

catalogando aquellos que puedan resultar más atractivos en cada tecnología. Un cuadrante mágico cataloga a los participantes como líderes, retadores, visionarios o jugadores de nicho.

- Una tecnología emergente, que se asocia mucho con las tendencias futuras de la analítica e inteligencia de negocios es la inteligencia artificial (AI), que se refiere a usar técnicas de programación que copian los pasos que sigue un humano para maximizar las posibilidades de alcanzar su objetivo.
- Algunas técnicas de AI son: sistemas expertos, aprendizaje computacional, algoritmos genéticos y procesamiento de lenguaje natural.

13.8.- Ejercicios de repaso

Preguntas

1. ¿Qué es un Hype Cycle de Gartner?
2. ¿Para qué sirve una Matriz de Prioridades de Gartner?
3. ¿Qué tipo de entidades clasifican los cuadrantes mágicos?
4. ¿Qué uso puede tener un cuadrante mágico en una organización?
5. Menciona algunas técnicas de Inteligencia Artificial
6. ¿Qué hace un sistema experto?
7. ¿Cómo puede un sistema experto ser útil para la analítica de datos?
8. ¿Qué uso puede tener un sistema de reconocimiento de lenguaje natural en la inteligencia de negocios?

Ejercicios

1. Busca el Hype Cycle más reciente de analítica e inteligencia de negocios. ¿Qué tecnologías aparecen que no están listadas en este libro? ¿Cambió de lugar alguna de las tecnologías mencionadas en este capítulo?
2. Busca el Cuadrante Mágico de plataformas de analítica. ¿Qué empresas llevan el liderato?
3. Busca un ejemplo de un sistema experto usado en analítica
4. Entre la lista de reglas que aparece en el capítulo para jugar gato, el punto número 6 indica que hay algunas reglas faltantes. Completa las reglas que irían en ese punto para asegurar el mejor desempeño en el juego revisando esas reglas de arriba abajo en cada jugada.

Referencias

Capítulo 1

[Anthony, 1965] Anthony, R. N. "Planning and Control Systems: a Framework for Analysis" Cambridge MA, Harvard University Press, 1965.

[Davis & Olson, 1985] Davis, G.B., and Olson, M.H., "Management Information Systems: Conceptual Foundations, Structure and Development" second edition, McGraw-Hill, 1985.

[DiCapua, et al., 2020] Di Capua,F., Tan,S., Wilkins,A., Thyagarajan,J., "Magic Quadrant for SAP S/4HANA Application Services, Worldwide" publication number G00407891, Gartner, abril 2020.

[Faith, et al., 2020] Faith,T., Nguyen,D., Torii,D., Schenck,P., Hestermann,C., "Magic Quadrant for Cloud ERP for Product-Centric Enterprises" publication number G00377672, Gartner, junio 2020.

[Gory & Scott-Morton, 1971] Gory G.A., y Scott-Morton,M.S. "A Framework for Management Information Systems", Sloan Management Review, Vol. 13, No. 1, Fall 1971.

[Hansen, et al., 2020] Hansen,I., Poulter,J., Elkin,N., Ferguson,C., "Magic Quadrant for CRM Lead Management" publication number G00463456, Gartner, Agosto 2020.

[Laudon & Laudon, 2019] Laudon, K.C., y Laudon, J.P. "Management Information Systems: Managing the Digital Firm", 16th edition, Pearson Education, 2019.

[Lund, 2025] Lund, P.O., et al., "Magic Quadrant for Supply Chain Planning Solutions", publication number G00816326, Gartner, abril 2025.

[Manusama & LeBlanc, 2020] Manusama,B., LeBlanc,N., "Magic Quadrant for the CRM Customer Engagement Center" publication number G00432951, Gartner, junio 2020.

[Salley, et al., 2021] Salley,A., Payne,T., Lund,P.O., "Magic Quadrant for Supply Chain Planning Solutions" document number G00450343, Gartner, febrero 2021.

[Sharda, Delen & Turban, 2015] Sharda, R., Delen, D., & Turban, E., "Business Intelligence, Analytics, and Data Science: A Managerial Perspective", ISBN: 978-0134633282, Pearson, 2017.

[Singh, 2016] Singh. H., "Project Management Analytics: A Data-DrivenApproach to Making Rational and Effective Project Decisions", ISBN: 978-0134189949, Pearson, 2016.

[Sparks, et al., 2020] Sparks,B., Sullivan,P., van der Heiden,G., Longwood,J., "Magic Quadrant for CRM and Customer Experience Implementation Services", publication number G00386413, Gartner, abril 2020.

[Turing, 1949] Turing, A. "The Mechanical Brain. Answer Found to 300-Year-Old Problem" The Times, London, pp. 4, col. 5, June 11, 1949.

Capítulo 2

[BBC News Mundo, 2019] BBC News Mundo, "Cambridge Analytica: la multa récord que deberá pagar Facebook por la forma en que manejó los datos de 87 millones de usuarios" BBC News Mundo, 24 de julio de 2019, consultado en abril de 2025 en https://www.bbc.com/mundo/noticias-49093124

[Colosimo, 2015] Colosimo, K. "Bad Data is Scary! Here are 5 Stats to Prove It" Workato, Octubre 31, 2015, consultado en abril 2020 en https://www.workato.com/blog/2015/10/bad-data-is-scary-here-are-5-stats-to-prove-it/#.WIGb7N_ibIU

[Davies & Rushe, 2019] Davies,R. & Rushe,D., "Facebook to pay $5bn fine as regulator settles Cambridge Analytica complaint" The Guardian, julio 2019, consultado en abril de 2025 en https://www.theguardian.com/technology/2019/jul/24/facebook-to-pay-5bn-fine-as-regulator-files-cambridge-analytica-complaint

[Doyle, 1891] Doyle, Arthur Conan, "A Scandal in Bohemia", London, 1891, reprinted Flowepot Press, United States, 2014.

[González, 2020] González, E. "Customer experience: reto para minoristas", Énfasis Logística, 14 de abril de 2020, consultado el 16 de abril de 2020 en http://www.logisticamx.enfasis.com/notas/85631-customer-experience-reto-minoristas

[IDC, 2019] IDC, "Becoming a Best-Run Midsize Company: How Growing Companies Benefit from Intelligent Capabilities," IDC InfoBrief, sponsored by SAP, 2019.

[Jackson, 2020] Jackson, T. "Dashboards Vs. Scorecards: Deciding Between Operations & Strategy", Clearpoint Strategy, consultado en abril de 2025 en https://www.clearpointstrategy.com/dashboards-and-scorecards-deciding-between-operations-strategy/

[KR3dhead, 2018] KR3dhead "Full Microsoft R Open Predictive Analysis Software Review – What You Need to Know About Microsoft R Open", Skyose,12 de Agosto de 2018, consultado el 15 de abril de 2020 en https://skyose.com/full-microsoft-r-open-review/

[Kundu, 2016] Kundu, Anirban "Journey of Data: From Tables to Tiles – A sneak peek into the S/4 HANA Embedded Analytics Architecture". SAP Community, 27 de septiembre de 2016, consultado en abril de 2025 en https://blogs.sap.com/2016/09/27/journey-of-datafrom-tables-to-tiles-a-sneak-peek-into-the-s4-hana-embedded-analytics-architecture/

[Liberty, 2018] Liberty, Dana "Scorecard vs Dashboard – What Each Adds to Business Intelligence", Sisense, June 4, 2018, consultado en abril de 2025 en https://www.sisense.com/blog/scorecard-vs-dashboard-adds-business-intelligence/

[Meredith, 2918] Meredith,S., "Facebook-Cambridge Analytica: A timeline of the data hijacking scandal" CNBC, abril 2018, consultado en abril de 2025 en https://www.cnbc.com/2018/04/10/facebook-cambridge-analytica-a-timeline-of-the-data-hijacking-scandal.html

[Mora, et al., 2020] Mora Aristega, Julio Ernesto, et al., "El modelo COBIT 5 para auditoría y el control de los sistemas de información", Universidad Técnica de Babahoyo, consultado el 16 de abril de 2020 en https://repositorio.pucesa.edu.ec/bitstream/123456789/2355/1/Modelo%20Cobit.pdf

[Pat Research, 2020] Pat Research, "RapidMiner Studio in 2020", Pat Research, consultado en abril de 2025 en https://www.predictiveanalyticstoday.com/rapidminer/

[Qualtrics, 2020] Qualtrics "Learn Customer Experience (CX) with Resources & Articles", Quiltros, consultado en abril de 2025 en https://www.qualtrics.com/experience-management/customer/

[Senn, 1987] Senn, J.A. "Information Systems in Management" 3rd edition, Wadsworth Publishing, 1987.

Capítulo 3

[Alanis, Kendall, & Kendall, 2009] Alanis, Macedonio; Kendall, Julie E.; Kendall, Kenneth E., "Reframing as Positive Design: An Exemplar from the Office of Civil Registry in Mexico" AMCIS 2009 Proceedings. Paper 268. San Francisco, CA: Association for Information Systems, 2009.

[Brooks, 1975] Brooks, F.P., "The Mythical Man-Month: Essays on Software Engineering", ISBN: 0-201-00650-2, Addison-Wesley, 1975

[Chaudhari, 2016] Chaudhari, K.; "Importance of CMMI-DEV in COBITbased IT Governance"; COBIT Focus; 4 January 2016, consultado en diciembre 2021 en https://fdocuments.us/document/importance-of-cmmi-dev-in-cobit-based-it-governance.html

[Ford, 1922] Ford, H. in collaboration with Crowther, S., "My Life and Work" Doubleday, Page & Company, New York, 1922.

[Gefen y Zviran, 2006] Gefen, D.; Zviran, M.; "What can be Learned from CMMI Failures?"; Communications of the Association for Information Systems, Vol. 17,, 2006.

[Hammer, 1990] Hammer, Michael "Reengineering Work: Do not Automate, Obliterate" Harvard Business Review, Vol. 68, No. 4, 1990.

[Humphrey, 1988] Humphrey, W. S; "Characterizing the software process: a maturity framework". IEEE Software. 5 (2), March 1988.

[Kendall & Kendall, 2005] Kendall, K.E., y Kendall J.E. "Análisis y Diseño de Sistemas" Sexta Edición, Pearson Education, 2005.

[Lankhorst et al., 2009] Lankhorst, M., et al.; "Enterprise Architecture at Work", The Enterprise Engineering Series, ISBN: 978-3-642-01309-6, Springer-Verlag Berlin Heidelberg 2009.

[Laudon & Laudon, 2019] Laudon, K.C., y Laudon, J.P. "Management Information Systems: Managing the Digital Firm", 16th edition, Pearson Education, 2019.

Capítulo 4

[Agile Alliance, 2025] Agile Alliance, "Agile Glossary: Extreme Programming", Agile Alliance, 2025, consultado en abril de 2025 en https://www.agilealliance.org/glossary/xp/#:~:text=Extreme%20Programming%20(XP)%20is%20an,engineering%20practices%20for%20software%20development.

[Airfocus, 2025] Airfocus, "Key principles of the crystal agile framework", Airfocus, 2025, consultado en abril de 2025 en What Is The Crystal Agile Framework? Definition and Key Principles

[Beck, et al., 2019] Beck, K., et al., "Agile Manifesto", Agile Alliance, 2019 consultado en abril de 2025 en https://www.agilealliance.org/wp-content/uploads/2019/09/agile-manifesto-download-2019.pdf

[Carey & Mason, 2019] Carey, T.T. & Mason, R.E.A., "Information System Prototyping: Techniques, Tools, and Methodologies" INFOR, Vol. 21 Issue 3, Agosto, 1983.

[Espirito Santo, 2022] Espirito Santo, D., "Top 5 main Agile methodologies: advantages and disadvantages", Xpand it, 2022, consultado en abril de 2025 en https://www.xpand-it.com/blog/top-5-agile-methodologies/

[Hamdulay, 2023] Hamdulay, N.A., "Framework Study for Agile Software Development Via Scrum, Agile and Kanban" The Online Journal of Distance Education and e-Learning, Volume 11, Issue 2, abril 2023, consultado en abril 2025 en https://www.tojcam.net/journals/tojdel/articles/v11i02/v11i02-51.pdf

[Hoory & Bottof, 2024] Hoory, L., & Bottof, L., "What Is A Scrum Master? Everything You Need To Know", Forbes, marzo 2024, consultado en abril de 2025 en https://www.forbes.com/advisor/business/what-is-a-scrum-master/

[Jeffries, 2011] Jeffries, J., "What is Extreme Programming?", ronjeffries.com, marzo 16, 2011, consultado en abril de 2025 en https://ronjeffries.com/xprog/what-is-extreme-programming/

[Laudon & Laudon, 2019] Laudon, K.C., y Laudon, J.P. "Management Information Systems: Managing the Digital Firm", 16th edition, Pearson Education, 2019.

[Lynn, 2025] Lynn, R., "Guiding Principles of Lean Development" Plainview, 2025, consultado en abril de 2025 en https://www.planview.com/resources/articles/lkdc-principles-lean-development/#:~:text=Lean%20development%20is%20the%20application,maximize%20value%20to%20the%20customer.

[Martins, 2025] Martins, J., "What is Kanban? Free Kanban template, with examples", Asana, 19 enero, 2025, consultado en abril de 2025 en https://asana.com/resources/what-is-kanban

[Product Plan, 2025] Product Plan, "Crystal Agile Framework", Product Plan, 2025, consultado en abril de 2025 en https://www.productplan.com/glossary/crystal-agile-framework/

[Reaburn, 2025] Reaburn, A., "Extreme programming (XP) gets results, but is it right for you?" Asana, febrero 13, 2025, consultado en abril de 2025 en https://asana.com/resources/extreme-programming-xp

[Schwaber & Sutherland, 2020] Schwaber, K., & Sutherland, J., "The 2020 Scrum Guide", Scrum Guides, 2020, consultado en abril de 205 en https://scrumguides.org/scrum-guide.html

[Scrum.org, 2025] Scrum.org, "What is Scrum?", Scrum.org, 2025, consultado en abril de 2025 en https://www.scrum.org/resources/what-scrum-module

[Spafford, et al., 2025] Spafford, G., et al., "Quick Answer: 4 Steps to Improve Infrastructure Agility" Gartner ID G00826578, Gartner, 12 febrero 2025.

[Wulandari & Raharjo, 2023] Wulandari, H., & Raharjo, T., "Systematic Literature and Expert Review of Agile Methodology Usage in Business Intelligence Projects", Journal of Information Systems Engineering and Business Intelligence Vol. 9, No.2, Octubre 2023.

Capítulo 5

[Alanis, 2020] Alanis, M., "Tecnologia de Informacion y la Practica Contable", ISBN: 979861244439, 2020.

[Alanis, Kendall, & Kendall, 2009] Alanis, Macedonio; Kendall, Julie E.; Kendall, Kenneth E., "Reframing as Positive Design: An Exemplar from the Office of Civil Registry in Mexico" AMCIS 2009 Proceedings. Paper 268. San Francisco, CA: Association for Information Systems, 2009.

[Engwal, 2012] Engwal, M., "PERT, Polaris, and the realities of project execution", International Journal of Management Projects in Business, Vol 5, No. 4, pp 595-616, September, 2012, consultado en abril de 2025 en https://www.researchgate.net/publication/263572044_PERT_Polaris_and_the_realities_of_project_execution

[Gantt.com, 2025] Gantt.com, "Gantt Chart History", Gantt.com, 2025, consultado en abril de 2025 en www.gantt.com

[Kasparov, 2007] Kasparov, G. "How Life Imitates Chess: Making the Right Moves, from the Board to the Boardroom." ISBN: 978-1-59691-388-2. Bloomsbury, New York, 2017.

[Kendall & Kendall, 2005] Kendall, K.E., y Kendall J.E. "Análisis y Diseño de Sistemas" Sexta Edición, Pearson Education, 2005.

[Laudon & Laudon, 2019] Laudon, K.C., y Laudon, J.P. "Management Information Systems: Managing the Digital Firm", 16th edition, Pearson Education, 2019.

[Sapolsky, 1972] Sapolsky, H.M., "The Polaris System Development" Harvard University Press, 1972, consultado en abril de 2025 en http://ekt.bme.hu/CM-BSC-MSC/PERTReadings02.pdf

Capítulo 6

[Brooks, 1975] Brooks, F.P., "The Mythical Man-Month: Essays on Software Engineering", ISBN: 0-201-00650-2, Addison-Wesley, 1975

[CIO Source, 2018] CIO Source, "The Ideal Structure for an IT Department in a Growing Business" CIO Source, June 29, 2018, consultado en abril de 2025 en https://www.ciosrc.com/blog/the-ideal-structure-for-an-it-department-in-a-growing-business/

[Drucker, 2008] Drucker, P. F.; "Management: Revised Edition", ISBN: 978-0061252662, Harper-Collins Publishers, New York, 2008.

[Essent, 2021] Essent, "The Top 10 Benefits of Outsourcing IT through Managed Services", ESSENT, 2021, consultado en abril de 2025 en https://www.essent.com/News/Blog/The-Top-10-Benefits-of-Outsourcing-IT-through-Managed-Services-284-24.htm

[Executech, 2021] Executech, "Advantages and Disadvantages of IT Outsourcing", Executech, 2021, consultado en abril de 2025 en https://www.executech.com/insights/advantages-and-disadvantages-of-it-outsourcing/

[Heizenberg & Gabbard, 2024] Heizenberg, J. & Gabbard, M., "How D&A Leaders Should Organize Their Data and Analytics Teams" Document ID: G00821895, Gartner, octubre 11, 2024.

[Lozhka, 2021] Lozhka, M.; "IT Outsourcing Advantages and Disadvantages" LANARS, 2021, consultado en diciembre 2021 en https://lanars.com/blog/it-outsourcing-advantages-and-disadvantages

[MJV Team, 2021] MJV Team, "IT Outsourcing: what is it and what are the main benefits for your company?" MJV, 12/06/2020, consultado en abril de 2025 en https://www.mjvinnovation.com/blog/it-outsourcing-what-is-and-benefits/

[Parker, 2025] Parker, S., "Becoming the Chief Data and Analytics Officer", Document ID: G00777824, Gartner, abril 1, 2025.

[Scott, Hill, y Mingay, 2020] Scott, D.; Hill, J.; Mingay, S.; "Balancing Your Approach to IT Centralization, Decentralization and Federation" Gartner, ID G00728653, 26 August 2020.

[Weill & Ross, 2004] Weill, P.; y Ross, J. W.; "IT governance: how top performers manage IT decision rights for superior results", ISBN:781591392538, Harvard Business Press, 2004.

Capítulo 7

[Alanis, Kendall, & Kendall, 2009] Alanis, Macedonio; Kendall, Julie E.; Kendall, Kenneth E., "Reframing as Positive Design: An Exemplar from the Office of Civil Registry in Mexico" AMCIS 2009 Proceedings. Paper 268. San Francisco, CA: Association for Information Systems, 2009.

[Axelrod, 67] Axelrod, J. N., "A Validation of Murphy's Law" Journal of Advertising Research. Vol. 7 Issue 3, septiembre, 1967.

[De Marco & Lister, 1995], De Marco, T. & Lister, T., "Watzing with Bears: Managing Risk on Software Projects", ISBN: 0-932633-60-9, Dorset House Publishing, New York, 1995.

[Fairley, 1994] Fairley, R., "Risk Management for Software Projects", IEEE Software 11:3, May, 1994.

[Filep, 2024] Filep, R., "Change management steps among SMEs", Marketing & Menedzsment. Vol. 58 Issue 3, 2024.

[Kendall & Kendall, 2005] Kendall, K.E., y Kendall J.E. "Análisis y Diseño de Sistemas" Sexta Edición, Pearson Education, 2005.

[Laudon & Laudon, 2019] Laudon, K.C., y Laudon, J.P. "Management Information Systems: Managing the Digital Firm", 16th edition, Pearson Education, 2019.

[Woods et al., 2019] Woods, W. D., Kemppanen, J., Turhanov, A., Waugh, L. "Day 3, part 2: 'Houston, we've had a problem'" Apollo Flight Journal, mayo 2017, consultado en abril de 2025 en https://history.nasa.gov/afj/ap13fj/08day3-problem.html

Capítulo 8

[Belfort & Scorsese, 2013] Belfort, J. (escritor) Scorsese, M., (apaptación cinematográfica) "The Wolf of Wall Street", Paramount Pictures, 2013.

[Bosworth, 1994] Bosworth, M.; "Solution Selling: Creating Buyers in Difficult Selling Markets"; ISBN: 978-0786303151; McGraw-Hill Companies; 1994.

[Budjac, 2017] Budjac, B. A.; "Conflict Management: A Practical Guide to Developing Negotiation Strategies"; ISBN: 978-9332543195; Pearson, 2017.

[Horowitz, 2021] Horowitz, L., "Sales Pipeline", TechTarget, octubre 2021, consultado en abril de 2025 en: https://searchcustomerexperience.techtarget.com/definition/sales-pipeline

[Lewiki, Barry y Saunders, 2011] Lewiki, R. J., Barry, B. y Saunders, D.M., "Essentials of Negotiation"; Sixth Edition, ISBN:978-0-07-7862466, McGraw-Hill, New York, NY, 2011

[Rowe, 2001] Rowe, M., "The $2 Bargaining Simulation", Negotiation and conflict management course, MIT, Spring 2001, consultado en abril de 2025 en https://ocw.mit.edu/courses/sloan-school-of-management/15-667-negotiation-and-conflict-management-spring-2001/lecture-notes/gen_instr.pdf

[Rowe, 2002] Rowe, M.P., "Negotiation: Theory and Practice", MIT, Cambridge, MA, consultado en abril de 2025 en https://ocw.mit.edu/courses/sloan-school-of-management/15-667-negotiation-and-conflict-management-spring-2001/study-materials/negotiation101.pdf

Capítulo 9

[ACM, 2018] Association for Computing Machinery, "ACM Code of Ethics and Professional Conduct", ACM, 2018, consultado en abril de 2025 en https://www.acm.org/code-of-ethics

[AIS, 2025] Association for Information Systems, "AIS Code of Ethics and Professional Conduct", AIS, 2025, consultado en abril de 2025 en https://aisnet.org/page/MemberCodeOfConduct

[BBC Mundo, 2017] BBC Mundo, "Los escándalos y problemas que forzaron la renuncia de Travis Kalanick, el presidente y fundador de Uber", BBC Mundo, 21 junio 2017, consultado en abril de 2025 en https://www.bbc.com/mundo/noticias-40352038

[BBC Mundo, 2017-2] BBC Mundo, "La caída en desgracia de Harvey Weinstein, el poderoso productor de Hollywood acusado de acosar mujeres durante casi 30 años", BBC Mundo, 9 octubre 2017, Actualizado 10 octubre 2017, consultado en abril de 2025 en https://www.bbc.com/mundo/noticias-41546441

[Carranza, Robbins, y Dalby, 2019] Carranza, C.; Robbins, S.; y Dalby, C.; "Major Odebrecht Corruption Cases and Investigations in 2019" Insight Crime, 20 de febrero, 2019, consultado en abril de 2025 en https://insightcrime.org/news/analysis/major-latam-odebrecht-corruption-cases-investigations-2019/

[Gunn, 1906] Gunn, B.G., "The Instruction of Ptah-Hotep" in "The Instruction of Ptah-Hotep and the Instruction of Ke' Gemini: The Oldest Books in the World" John Murray, Albemarle Street, Editor, London, England, 1906, consultado en abril de 2025 en https://www.gutenberg.org/files/30508/30508-h/30508-h.htm

[HSS, 2025] U.S: Department of Health and Human Services "Federal Policy for the Protection of Human Subjects ('Common Rule')", 2025,. Consultado en Abril de 2025 en https://www.hhs.gov/ohrp/regulations-and-policy/regulations/common-rule/index.html

[IEEE, 2025] Institute of Electrical and Electronics Engineers, "IEEE Code of Ethics", IEEE, 2025, consultado en abril 2025 en https://www.ieee.org/about/corporate/governance/p7-8.html

[IMC, 2025] Institute of Management Consultants, "IMC USA Code of Ethics ", 2025, consultado en abril de 2025 en https://www.imcusa.org/about/ethics/code-of-ethics/

[IMCP, 2015] Instituto Mexicano de Contadores Públicos, "Código de ética profesional", IMCP, 2015, consultado en abril de 2025 en http://imcp.org.mx/wp-content/uploads/2015/12/Codigo_de_Etica_Profesional_10a_ed1.pdf

[Laudon & Laudon, 2019] Laudon, K.C., y Laudon, J.P. "Management Information Systems: Managing the Digital Firm", 16th edition, Pearson Education, 2019.

[Matute Urdaneta, 2016] Matute Urdaneta, G.; "Escándalo Odebrecht: EE.UU. dice que 12 países recibieron sobornos", CNN Español, 22 Diciembre, 2016, consultado en abril de 2025 en https://cnnespanol.cnn.com/2016/12/22/escandalo-odebrecht-ee-uu-dice-que-12-paises-recibieron-sobornos/

[The Georgia Tech Wistle, 1991] The Georgia Tech Wistle, "Coca-Cola CEO's Secret Formula For Success: Vision, Confidence And Luck", The Georgia Tech

Wistle, septiembre, 1991, consultado en abril 2025 en https://www.markturner.net/wp-content/uploads/2015/05/Whistle-Brian_Dyson-Georgia_Tech_Commencement_Sept_1991-p3.pdf

[Wiener-Bronner, 2019] Wiener-Bronner, D.; "McDonald's CEO Steve Easterbrook is out for 'consensual relationship with an employee'", CNN Business, November 4, 2019, consultado en abril de 2025 en https://edition.cnn.com/2019/11/03/business/mcdonalds-ceo-steve-easterbrook-steps-down/index.html

Capítulo 10

[Camhaji, 2024] Camhaji, E., "Xóchitl Gálvez, contra todo pronóstico", EL PAIS, México, 1 de junio de 2024, consultado en abril de 2025 en https://elpais.com/mexico/elecciones-mexicanas/2024-06-02/xochitl-galvez-contra-todo-pronostico.html

[Coase, 1981] Coase, R.H., "How Should Economists Choose?" Warren Nutter Lecture, 1981, publicado por el American Enterprise Institute for Public Policy Research, ISBN 0-8447-1356-2, Washington, D.C., 1982, consultado en abril de 2025 en https://www.aei.org/wp-content/uploads/2016/03/NutterLectures03.pdf?x85095

[Huff, 1954] Huff, D. "How to Lie With Statistics", Penguin Books, England, 1954.

[Llaneras, 2024] Llaneras, K., "¿Qué dicen las encuestas sobre las elecciones en México? Sheinbaum tiene 86% de probabilidades de ganar", EL PAIS, México, 8 de mayo de 2024, consultado en abril de 2025 en https://elpais.com/mexico/elecciones-mexicanas/2024-05-09/que-dicen-las-encuestas-en-mexico-sheinbaum-es-86-probable.html

[Orwell, 1949] Orwell G., "1984", Mariner, (ISBN:9780452262935 for 75th anniversary edition), 1949.

[Ramos, 2024] Ramos, R., "Elecciones 2024: Xóchitl Gálvez presume que ya encabeza las encuestas", El Economista, 21 de mayo de 2024, consultado en abril de 2025 en https://www.eleconomista.com.mx/politica/Elecciones-2024-Xochitl-Galvez-presume-que-ya-encabeza-las-encuestas-20240521-0082.html

[Sharda, Denle, & Turban, 2017] Sharda, R., Denle, D., & Turban, E., "Business Intelligence, Analytics, and Data Science: A Managerial Perspective", ISBN: 978-0134633282, Pearson, 2017.

Capítulo 11

[Andrews 1993] Andrews, P.; "Apple-Microsoft Lawsuit Fizzles To A Close -- `Nothing Left' To Fight About"; The Seattle Times; Jun 2, 1993; consultado en abril de 2025 en https://archive.seattletimes.com/archive/?date=19930602&slug=1704430

[Cámara de Diputados del H. Congreso de la Unión, 2021] Cámara de Diputados del H. Congreso de la Unión, "Código Civil Federal" última Reforma, DOF, 11-01-2021, consultado en abril de 2023 en http://www.diputados.gob.mx/LeyesBiblio/pdf/2_110121.pdf

[Chen, 2021] Chen, J., "Intellectual Capital: Definition, Types, Measurement, Importance", Investopedia, February 2021. Consultado en abril 2025 en https://www.investopedia.com/terms/i/intellectual_capital.asp

[Coca-Cola, 2025] The Coca-Cola Company, "History", the Coca-Cola company, 2025, consultado en abril de 2025 en https://www.coca-colacompany.com/company/history

[DiarioTI, 1998] DiarioTI, "Como resultado de investigaciones iniciadas en México y Argentina por presunto cohecho, la compañía IBM ha adoptado nuevas políticas para hacer negocios en América Latina, informa InfoWorld Electric.", diarioTI.com, Julio 10 de 1998, consultado en abril de 2025 en https://diarioti.com/ibm-alecciona-a-sus-subsidiarias-latinoamericanas/6086

[e-tam.com.mx, 2025] e-tam.com.mx "Derechos de Autor", e-tam.com.mx, 2025, consultado en abril de 2025 en: http://www.e-tam.com.mx/website/public/derechos_autor

[Fujiwara, MacLellan, y Topham, 2022] Fujiwara, T., MacLellan, S., y Topham, D., "How to Protect Your Innovation's Intellectual Property" Gartner, ID-G00774716, June 2022.

[Harroch, 2016] Harroch, R., "The Key Elements Of Non-Disclosure Agreements", Forbes, March 2016, consultado en abril de 2025 en https://www.forbes.com/sites/allbusiness/2016/03/10/the-key-elements-of-non-disclosure-agreements/?sh=1f04929627dd

[IMPI, 2013] Instituto Mexicano de la Propiedad Industrial, Dirección Divisional de Patentes, "Guía del Usuario de Patentes y Modelos de Utilidad" Secretaría de Economía, 2013, en abril de 2023 en: https://sia.xoc.uam.mx/otc/documentos/guia_patentes_IMPI.pdf

[INDAUTOR, 2021] Instituto Nacional del Derecho de Autor "Registro Público del Derecho de Autor", Secretaría de Cultura, 2021. Consultado en abril de 2025 en: https://www.indautor.gob.mx/documentos/informacion-general/Registro.pdf

[Lincoln, 1859] Lincoln, A., "Second Lecture on Discoveries and Inventions" February 1859, in Collected Works of Abraham Lincoln. Volume 3, pp 363, Roy P. Basler, editor, Rutgers University Press, 1953.

[Markoff, 1989] Markoff, J.; "Xerox vs. Apple: Standard 'Dashboard' Is at Issue", The New York Times, Dec. 20, 1989, consultado en abril de 2025 en https://www.nytimes.com/1989/12/20/business/xerox-vs-apple-standard-dashboard-is-at-issue.html

[Ortiz Moreno, 1998] Ortiz Moreno, H.; "Pagará IBM 37.5 mdd a la Procuraduría del DF" La Jornada, 22 de julio de 1998, consultado en abril de 2023 en https://www.jornada.com.mx/1998/07/23/pagara.html

[Twin, 2022] Twin, A., "Non-Disclosure Agreement (NDA) Explained, With Pros and Cons", Investopedia, Octubre 2022, consultado en marzo de 2025 en https://www.investopedia.com/terms/n/nda.asp#:~:text=A%20non%2Ddisclosure%20agreement%20(NDA)%20is%20a%20legally%20binding,to%20as%20a%20confidentiality%20agreement.

[USPTO, 2021] US Patent and Trademark Office, "Coronavirus Vaccine", USPTO, Pub. No.: US 2021/0379181 A1, Pub. Date: Dec, 9, 2021, consultado en abril de 2025 en https://image-ppubs.uspto.gov/dirsearch-public/print/downloadPdf/20210379181

[USPTO, 2025] US Patent and Trademark Office, "General information concerning patents", USPTO, 2025, consultado en abril 2025 en https://www.uspto.gov/patents/basics/general-information-patents

[WIPO, 2025] World Intellectual Property Organization, "Patents: What is a Patent?", WIPO, 2025, consultado en abril de 2025 en https://www.wipo.int/patents/en/

[WIPO, 2025-b] World Intellectual Property Organization, "Copyrights", WIPO, 2025, consultado en abril de 2025 en https://www.wipo.int/copyright/en/

[Xiao y Zhao, 2017] Xiao, J. y Zhao, Y., "Key Intellectual Capital Factors of Competitiveness for Startups: Evidence from China", Proceedings of the International Conference on Intellectual Capital, Knowledge Management & Organizational Learning. , pp 301-309, 2017.

Capítulo 12

[Asimov, 1983] Asimov, I.; "The Roving Mind", ISBN: 0-87975-201-7, Prometheus Books, Buffalo N. Y., 1983.

[Devaraj y Kohli, 2000] Devaraj, S.; y Kohli, R.; "Information Technology Payoff in the Health-Care Industry: A Longitudinal Study", Journal of Management Information Systems, Vol. 16, No. 4; M.E.Sharpe, Inc.; 2000.

[Kohli y Sherer, 2002] Kohli, R.; Sherer, D.A.; "Measuring Payoff of Information Technology Investments: Research Issues and Guidelines,", Communications of the Association for Information Systems; Vol. 9, Article 14; 2002, consultado en abril de 2025 en https://aisel.aisnet.org/cais/vol9/iss1/14

[Kohli, Sherer, y Barton, 2003] Kohli, R.; Sherer, D.A.; Baron, A.; "IT Investment Payoff in E-Business Environments: Research Issues", Information Systems Frontiers 5:3, Kluwer Academic Publishers, The Netherlands, 2003.

[Naegle y Ganly, 2020] Naegle, R.; y Ganly, C.; "Tell an IT Value Story That Matters to Business Leadership" Gartner, ID G00385725, Published 30 April 2019 - Refreshed 13 October 2020.

[NetSD, 2021] NetSD, "¿Por qué las empresas mexicanas deben invertir en tecnología?", NetSD, 2021, consultado en diciembre 2021 en https://netsd.mx/empresas-mexicanas-invertir-tecnologia/

Capítulo 13

[Bishop, 2006] Bishop, C.M. "Pattern Recognition and Machine Learning", Springer, 2006.

[Borbow, 1964] Borbow, D., "Natural Language Input for a Computer Problem Solving System", Ph.D. Dissertation, MIT, 1964.

[English, 2019] English, D.B.M., "The Rise of the (Accounting) Machines? Blockchain and AI: The Changing Face of the Profession" California CPA, Vol. 87 Issue 9, p12-14, May 2019.

[Gartner, 2025-1] Gartner, "About Us", Gartner Inc., consultado en marzo de 2025 en https://www.gartner.com/en/about

[Gartner, 2025-2] Gartner, "Gartner Hype Cycle", Gartner Inc., consultado en marzo de 2025 en https://www.gartner.com/en/research/methodologies/gartner-hype-cycle

[Gartner, 2025-3] Gartner, "Gartner Magic Quadrant & Critical Capabilities", Gartner Inc., consultado en marzo de 2025 en https://www.gartner.com/en/research/magic-quadrant

[Keenoy, 1958] Keenoy, C.L. "The impact of automation on the field of accounting", The Accounting Review 33 (2): 230–236, 1958.

[Kokina & Davenport, 2017] Kokina, J. & Davenport, T.H., "The Emergence of Artificial Intelligence: How Automation is Changing Auditing", Journal of Emerging Technologies in Accounting, Vol. 14 Issue 1, p115-122, 2017.

[Macari & Krensky, 2024] By Edgar Macari, E., and Krensky, P., "Hype Cycle for Analytics and Business Intelligence, 2024" document number G00811430, Gartner, Inc., 21 June 2024.

[Mitchel, 1996] Mitchell, M. "An Introduction to Genetic Algorithms" MIT Press. Cambridge, MA, 1996.

[Schank, 1972] Schank, R.C. "Conceptual Dependancy: A Theory of Natural Language Understanding", Cognitive Psychology, 3, 552-631, 1972.

[Schlegel, et al., 2024] Schlegel, et al., "Magic Quadrant for Analytics and Business Intelligence Platforms", document number G00792413, Gartner, Inc., 20 June 2024.

[Simon, 1981], Simon, H.A., "The Sciences of the Artificial" Second Edition, MIT Press, Cambridge, MA, 1981.

[Vega y Bretón, 1894] Ricardo Vega (libreto) y Tomás Bretón (música) "La Verbena de la Paloma" Sainete lírico en un acto, y en prosa, Estrenada en el Teatro Apolo de Madrid, 17 de febrero de 1894.

Datos del Autor

Dr. Macedonio Alanís

alanis@tec.mx   maalanis@hotmail.com

El Dr. Macedonio Alanís es profesor titular de Sistemas de Información en el Departamento de Computación del Tecnológico de Monterrey. Imparte clases en formato presencial y a distancia en temas de Administración de Tecnologías, Transformación Digital, Comercio Electrónico y Gobierno Electrónico. Algunas de sus clases son transmitidas en vivo a 1000 alumnos en 9 países. Ha trabajado como profesor e investigador en universidades en México, Estados Unidos, Centro y Sudamérica. También ha participado como profesor en programas conjuntos del Tecnológico de Monterrey con Carnegie Mellon University y con Stanford University.

Se ha desempeñado como Gerente de Administración de Neoris, del grupo Cemex. Trabajó en la creación y administración de Global Software Factory, empresa que desarrolló sistemas de información en Europa, Sudamérica, Estados Unidos y México. Trabajó también para IBM, el Grupo Gentor, y el Centro Cultural ALFA.

En el sector público, el Dr. Alanís ha sido director de informática del Gobierno del Estado de Nuevo León, México. Fue presidente del Comité de Informática para la Administración Pública Estatal y Municipal. Trabajó en la definición de las Políticas Informáticas Mexicanas. Ha apoyado a la oficina de la Presidencia de Honduras en programas de informática educativa y a la Cámara Panameña de Tecnologías de Información y Comunicaciones en la reorientación de los programas académicos universitarios de tecnología en el país.

Cuenta con más de 120 publicaciones, capítulos de libros y conferencias internacionales. Fue distinguido con el prestigioso Eisenhower Fellowship, recibió el Premio a la Labor Docente e Investigación del Tecnológico de Monterrey y fue elegido para ocupar la America's Chair en el Consejo Directivo Mundial de la Association for Information Systems.

El Dr. Macedonio Alanís es Doctor en Administración por la Universidad de Minnesota. Obtuvo una maestría en Ciencias Computacionales de Brown University, y es Ingeniero en Sistemas Computacionales del Tecnológico de Monterrey.

www.ingramcontent.com/pod-product-compliance
Lightning Source LLC
Chambersburg PA
CBHW071423050326
40689CB00010B/1964